AF272544

Barbara Schuhrk

Schattensprünge

Bibliographische Information der Deutschen Bibliothek:
Die Deutsche Bibliothek verzeichnet diese Publikation
in der Deutschen Nationalbibliographie.
Detaillierte bibliographische Daten sind im Internet
über http://dnb.ddb.de abrufbar.

Die Deutsche Bibliothek - CIP-Einheitsaufnahme
1. Auflage 2006
ISBN   3-8334-4812-1

Verlegerische Betreuung: Dr. Hans-Joachim Sehrbundt, Köln
Umschlaggestaltung, Satz und Elektronische Druckvorlagen-Erstellung:
Richard Ebert, Hamburg,
Lektorat: Barbara Gleich, Kempten
Herstellung und Verlag: Books on Demand GmbH, Norderstedt
Printed in Germany. Alle Rechte vorbehalten
© Barbara Schuhrk, Januar 2006

Beachten Sie auch: www.schuhrk.de

Zur Illustration: Der Künstler Guido Schmidt erstellte diese Zeichnung anhand seiner
Gedanken zum Inhalt dieses Buches. © Guido Schmidt, Holste, Januar 2006

Barbara Schuhrk

Schattensprünge

Über-Lebens-Gedanken – Gedanken über das Leben

Gewidmet meiner Mutter, meinem Sohn und meinem Nebelmond

Nischen
Eine Gesellschaftssatire?
(1994)

Ledersohlen, italienische Markenschuhe, geschnürt. Pumps, deren Absätze nach innen schief abgelaufen sind. Turnschuhe, offene Schnürsenkel, schlendernder Gang.
Hastig tippeln sie um die leere Büchse auf dem Weg, schreiten elegant darüber hinweg oder treten dagegen.
Menschen können an ihren Füssen erkannt werden. Sie sagen oft viel mehr als Köpfe. Gesichter tragen Masken und mit den Masken fallen die Gesichter. Deshalb liebe ich Füsse, denkt er.

Sandalen, rote Fussnägel, daneben stolpern zarte Kinderfüsschen, tastend noch, fast unsicher. Gummisohlen quietschen unter männlichen Fleischmassen, Joggingschuhe sprinten an langen Beinen vorbei. Eine Gruppe von eleganten, fleischigen Füssen mit ächzenden Sohlen.
Ihr Weg wird nicht von Unrat erschwert. Der Boden ist sauber, die Menschen heben den Müll auf, täglich wird gefegt.
Es ist schön, dass man sich so um die Ordnung sorgt, sagt er leise zu sich.

Es dämmert. Die Füsse werden seltener.
Erschaudern zwischen Nacht und Morgen, wenn Ängste frei werden und doch im Verborgenen unsichtbar sind. Er ist seiner Gedankenflut ausgeliefert, auf dem Weg in die Tiefe, schwarz und unendlich. Feuchte Küsse der Depression, die ihm so vertraut...
Nachts fühlt er sich jämmerlich und doch beglückt, denn er ist zuhause.
Die Nacht ist wie ein kleiner Tod, kommt zu jedem, ungebeten, Dämonen, gottlose Saat, die ich verachte.

Sie greift nach ihm mit weichen Rabenkrallen und will ihn mitnehmen - und doch, jeden Morgen wieder das Wunder der Geburt.
Die ersten hellen Sonnenstrahlen blitzen zwischen den Häuserzeilen auf. Der blaue Himmel schickt seine Boten zu ihm.
Es ist immer wieder wundervoll, von dem wärmenden Licht geweckt zu werden, denkt er.

Sanfte Windböen streicheln die noch müde Haut, kitzeln an den Härchen und eilen weiter. Das Leben erwacht.
Spatzen erdreisten sich näher und näher zu kommen, nehmen sich das, was sie zum Leben brauchen, fast in Greifweite. Zwischen den Blumenkübeln

auf dem Weg picken sie fröhlich nach kleinem Getier, aufgeplustert, lustig zwitschernd scheinen sie ihn anzulächeln.

Es sind gepflegte Blumen, farbenfroh, von kräftigem Wuchs. Männertreu, Geranien, Röschen in zarten Tönen, wöchentlich gedüngt. Sie wuchern in Töpfen, die regelmässig abgespritzt werden.

Man kümmert sich hier gut um sie, freut er sich jeden Tag und bewundert die Grosszügigkeit der Natur, ihm solch wunderbaren Anblick zu schenken. Liebevolle Blicke, nahrungsreiche Erde - sie haben es gut, genauso wie die hübschen Spatzen.

Wenn morgens, mit den lauen Winden und der wärmenden Sonne, die Füsse kommen, bleiben sie oftmals paarweise stehen. Meist sind es moderne Füsse oder jene, die schon Tausende von Kilometern hinter sich haben. Keine Blicke nach rechts oder nach links. Nur für die niedlichen Tiere, die munter um Sympathien buhlen. Dann werden seine gefiederten Freunde gefüttert.

Es ist herrlich, wie sich die Menschen so nett um sie kümmern. Die Bewohner dieser Stadt sind freundlich, überlegt er. Nette, aufgeschlossene Leute, denn Menschen, die so hilfsbereit sind, sich derart um Tiere, Pflanzen und Sauberkeit sorgen, müssen gute und warmherzige Menschen sein. Und fröhlich, denn oftmals erschallt über den Füssen lautes Lachen.

Welch ein Glück, denkt er, dass ich in dieser schönen Stadt leben darf.

Viele alte Häuser, wahre Bauwerke. Gotische Fassaden, die einmal im Jahr aufopferungsvoll gestrichen werden. Gestandene Bauten mit kunstvollen Erkern, gepflegten Gardinen hinter blitzenden Scheiben.

Dazwischen idyllische Grünanlagen, weitläufige Parkflächen, Oasen der Ruhe. In den kräftigen Baumwipfeln spielen die Winde mit den Blättern, saubere Kieswege, gesäumt von Buchs, führen vorbei an frisch gestrichenen Bänken und glasklaren Teichen.

Auch sie werden gehegt und gepflegt, wie alles in dieser wunderbaren Stadt, die sich um jeden sorgt.

Zierliche kleine Tierchen im Schutz der ruhigen Häusernische. Auch sie haben es gut.

Kleine Wesen, die über den Hals in das zerrissene staubige Hemd klettern. Sie krabbeln über den starren, weissen Körper hinab zu der Lache geronnenen Blutes, wo sich die dicken Fliegen tummeln. Kriechen durch wirre Haare, mit Vogelkot besudelt, strähnig und ausgetrocknet; über das bläulich gefärbte Gesicht. Sie essen sich satt an den aufgeschürften Hautfetzen.

Es ist gut, wenn man gesättigt ist. Das weiss er.

Füsse, sie kommen geradewegs auf ihn zu. Derbe Schuhe, Profilsohle, paarweise. Sie werden geknickt. Männer beugen sich, hocken sich nieder. *Sie schauen hinunter, interessieren sich für mich? Ich wusste, das Leben hat einen Sinn...*

Sie blicken ihn genau an. Sehen die gebrochenen müden Augen, die starr ins Leere blicken, die letzte Tränenflüssigkeit, auf den Wangen zu trockenem Schleim geworden.
Es schaudert sie. Er riecht.
Sie wenden sich ab. Die Füsse werden gestreckt, die Männer richten sich auf.
Vorbei an der Hand, die kraftlos aus der Nische ragt, erschöpft vom Zittern der vergangenen Jahre, gestreckt und flehend, als wolle sie auch im Tode noch nach etwas greifen.

Ein leere Hülle Mensch. Oder einfach eine faulige Leiche, denn sein vernarbtes Herz, das zeigt er ihnen nicht. Dafür ist er zu stolz.
„Der ist tot," sagt der eine Mann. „Ein Penner," der andere.
Die Füsse gehen langsam davon, fort von ihm und seinem ausgedörrten Körper.
Ein paar Meter weiter verharren sie vor den prächtigen Blumenkübeln, in denen flauschige Hummeln brummen.
Hier warten auch die Spatzen. Aufgeregt hüpfen sie hin und her, pfeifen und freuen sich über die knusprigen Brotkrumen, die ihnen liebevoll auf den Boden geworfen werden und im sanftlauen Wind zu Spielbällen werden.
Es ist schön, wie sich die Menschen um seine gefiederten Freunde sorgen.
Wie immer wieder Füsse stehen bleiben: Turnschuhe mit offenen Schnürsenkeln, Pumps, deren Absätze nach innen schief abgelaufen sind, italienische Markenschuhe, geschnürt.

Seelenland
(Juni 2002)

Zeit zu bleiben, Zeit zu gehen.

Wie viele Neuanfänge sind Neuanfang?
Wann ist noch etwas neu - in all den Anfängen?

Seelen flüchten in ein Land - fern von diesem, unbeobachtet, ungestört...
Es ist Zeit, sich in sein eigenes Land zurückzuziehen, wenn die Seele zerstört wird,
sich selbst zerstört; vor der Wahl steht - hier oder da.

Eine Seele sagt, „ich bleibe". Die andere „lauf, so schnell du kannst..."

Ich möchte beides. Nicht mehr weglaufen, nicht bleiben.
Kann nicht mehr bleiben als Hülle von dem, was ich bin. War?

Was ist falsch daran, Identität zu zeigen, sie zu leben?
Was daran, Meinungen zu haben, sie zu äussern?
Ein Fehler, da unkalkuliert. Anstrengend. Chaotisch.

Eigenes birgt eigene Wege.

Vielleicht wird es Zeit, eben diese zu gehen.
Zeit zu gehen, solange es noch jemanden gibt, der gehen kann, der die Kraft hat, dazu...

Abschied
(Juli 2002)

Abschied ist nicht, dass man fort ist, sondern nur woanders.

Du hast mich mal gefragt, woher Todessehnsucht komme.

Es gibt Menschen, die leben und zugleich leben sie nicht.
Lebendige Tote, blutleere Lebende.
Die Leere in ihnen prägt und doch ist das Leben überfüllt.

Du hast gefragt, warum ein Kind Lebensversicherung sei.

Eigentlich nur Selbstbetrug: Was hat ein Kind von einem Menschen ohne Lächeln?
Dessen schweres Gemüt nach Aussen dringt?
Ist es nicht besser mit einem Lächeln in der steten Erinnerung?

Du hast gefragt, warum Freiheit so relativ sei.

Manche Menschen sind scheinbar freier.
Zugleich aber tragen sie Ketten von einer Schwere, die Luft raubt, die Brust schnürt, auf dass kein Atem mehr möglich ist.

Du hast gefragt, warum an Freiheit festhalten, hoffnungsloser Optimist sein?!

Weil Hoffnung am Leben hält, aufrecht gehen lässt, das Rückrat stärkt -
und den Blickwinkel manchmal schmälert.
Andere nennen auch das Selbstbetrug.

Die Alternative ist ein Rückzug nach innen. Gedanken sind frei. Immer und überall.
Doch wenn man sie nicht leben kann, Träume greifbar sind, Chancen aufgehoben werden wollen, und Ketten nicht erlauben, die Hand auszustrecken, hilft auch kein Rückzug mehr.
Frei ist nicht der, der Regeln bricht. Frei ist der, der agieren kann, statt auszuführen.

Du hast gefragt, warum manche Menschen die Fremde mehr lieben, als die Heimat.

Es ist die Freiheit. Die Freiheit vom eigenen Kopf und von jenen, die der Freiheit berauben, die Pflichten ohne Rechte einräumen und Leere geben, gleichgültig wie wenig Zugriff sie auch auf den Menschen haben. Leere durch Ignoranz.

Vielleicht ist deshalb eine solche Liebe Flucht. Doch ich glaube es nicht.
Ich glaube, es ist ein Weg. Kein Selbstmitleid - nur Rückzug.
Nicht, weil man zerbricht, sondern weil man die Grenze des Zerbrechens direkt unter sich spürt.

Warum, so fragtest Du, haben Menschen dann Angst vor Nähe?

Weil sie niemanden mitnehmen möchten, in den Taumel, das Straucheln.
Es ist die Angst, jemanden im Zerbrechen mit sich zu nehmen, denn man ist verantwortlich für Menschen, die man liebt.

Du hast gefragt, welche Wege es gebe, für diese Menschen.

Zwei Wege gibt es, vielleicht drei: Den des Zerbrechens, des Grenzganges und den des Aufbruchs. Zerbrochenes kann nicht mehr bersten, die Grenze ist da und eines Tages wird der Aufbruch kommen - so oder so. Ein Ausbruch, der Ruhe und Frieden birgt.

Mit jedem Mal wird die Gefahr grösser und der Tag kommt näher, an dem man geht und alles gut wird.
Vielleicht der Grund, dass manche fürchten, geliebt zu werden:
Um niemandem Schmerz zuzufügen. Darum die Angst vor Nähe.

Nähe ist grenzenlos. Egal wo immer man ist und wie man ist.
Nähe zu sich selbst hat Grenzen.

Abschied ist nicht, dass man fort ist, sondern nur woanders.

Der Narr, die Kastanie und der Alb
(21.10.2005)

Es war einmal ein Junge.

Ein Junge, wie die Kinder einst waren. Er kletterte auf Bäume, baute im nahen Bach Staudämme, fing mit den Händen Kaulquappen und bastelte Geheimverstecke mit seinen Freunden. War er allein, so ging er in den Wald, lauschte den Vögeln, sprach mit den Zwergen und Alben, hörte den Bäumen zu und genoss die Worte der Natur.

Aus dem Jungen wurde ein stattlicher junger Mann, den es hinfort zog, um in fernen Orten seinem Studium nachzugehen. Später kehrte er in sein Heimatdorf zurück, aus dem unterdessen ein beachtliches Städtchen gewachsen war. Hier wollte er arbeiten und sein Leben geniessen.

Die Jahre vergingen. Die ersten grauen Haare des Lebens zierten seine Schläfen, sein Gang war weniger behände, beengt durch die Masse, die der Wohlstand mit sich gebracht hatte.

Die Zeiten, in denen er auf seine innere Stimme hörte, mit Zwergen sprach oder durch den Wald tobte, waren längst vorbei.

Der dunkle Wald war schon lange einer hochtechnologisierten Produktionsanlage gewichen und über dem Zwergen-Felsen thronte weithin sichtbar der geschäftliche Hauptsitz des Mannes.

Eine Bürokaserne - gläsern, modern und mit allen vermeintlichen Vorzügen der Jetzt-Zeit ausgestattet.

Dort, wo einst der schmale Bach seine Lieder sang und die Alben lustig über die Steine sprangen, wuchs ein Metallzaun aus der Erde, geschmückt mit Bewegungsmeldern, Halogenstrahlern und Kameras.

Das einzig Lebendige schien das große Tor zu sein, welches morgens - von Sicherheitsdiensten bewacht - weit geöffnet stand, mittags erneut aufbrach, um sich am Abend für die Nacht gänzlich zu schliessen.

Am Rande dieser Umzäunung waren eine Handvoll Bäume übrig geblieben, als Begrünung, wie es in der städtischen Planung festgehalten worden war. Vor ihnen lag der Rest der großen Wiese. Eine Frischluftschneise für das angrenzende Wohngebiet, daher mit einem Bau-Stop vermeintlich geschützt.

Nach der Lektüre der aktuellen Wirtschaftsmeldungen verließ der Mann nachdenklich sein industrialisiertes Schloss.

Es war das erste Mal seit seiner Jugend, dass er den Weg zu den Stätten der Kindertage einschlug.

Der späte Mittagstau des Grases stürzte sich scheinbar gefräßig auf seine Lederschuhe und die Insekten wichen erschrocken zurück. Der Mann bemerkte das nicht. Er spürte auch nicht, dass die Vögel verstummten.

Er setzte sich unter eine große Kastanie, die am Rande des Gewerbegebietes stolz den Einhausungen trotzte, lehnte sich gegen ihren Stamm und sinnierte.

Eine Stimme riss ihn aus seinen Gedanken.

„Was machst Du hier?" fragte der kleine Alb, der sich aufmüpfig vor ihn gestellt hatte.

„Ich denke. Doch was machst Du hier? Was bist Du überhaupt," fragte der Mann.

„Ich bin ein Alb. Das weißt Du doch..."

Der Mann schüttelte ungläubig den Kopf. „Ein Alb? Nein. Ich habe viele Jahre studiert. In keinem meiner Projektmanagement-Kurse, auch nicht im Wirtschaftsstudium oder im IT-Unterricht hörte ich von Alben. Ich bin ein kluger und erfolgreicher Mann - so etwas wie Dich gibt es nicht."

Erstaunt blickte der kleine Alb an sich hinunter, sah zur Kastanie auf, betrachtete seinen feinen Körper und meinte: „Doch, ich lebe. Aber Du, fremder Mann, Du scheinst nicht zu leben."

„So ein Unsinn," meinte der Mann forsch. „Natürlich lebe ich. Ich lebe sogar sehr gut. Meine viergeschossige Villa wird von fünf Hausangestellten in Schuss gehalten. Meine drei Söhne sind auf den besten Internaten des Landes und meine Frau ist eine angesehene Person der Gesellschaft. Vier Autos stehen in unserer elektronisch geschützten Garage und um den Englischen Rasen unserer hauseigenen Parkanlage beneidet mich so mancher Nachbar."

„Welche Bäume leben in Deinem Garten?" so fragte plötzlich mit tiefer Stimme die Kastanie.

„Ich weiss es nicht," antwortete der Mann. „Ich müsste meinen Gärtner fragen."

„Und Deine Söhne, wann spielen sie in diesem schönen großen Park?"

Der Mann schlug die Hände über dem Kopf zusammen: „Niemals - der gute Rasen..."

„Wenn Du doch aber alles hast, warum gehst Du dann traurig in den Wald," wunderte sich der Alb und legte sein Gesicht in Falten.

„Ich habe Existenzangst," so gestand der Mann.

Die Kastanie schüttelte ihre Blätter, so bebte sie im Innern und der Alb runzelte nur die Stirn. „Nein. Du hast keine Existenzangst."

„Und ob ich die habe. Die Aktienkurse schwanken mehr denn je, die Arbeitskräfte kosten mich mein letztes Geld und mit den Auflagen und Normen werde ich die Anlage ohne Erweiterungen und Neuerungen nicht halten können. Ich weiß nicht, wie viele Leute ich entlassen muss, damit ich das alles bezahlen kann."

„Du hast keine Existenzangst," wiederholte der Alb und der Mann wurde böse.

„Was weißt Du denn davon, Dich gibt es doch gar nicht," meinte er zornig.

Die Kastanie brummte mürrisch über seinem Kopf, doch zeigte sie sich geduldig:

„Mensch - Du hast keine Existenzangst, denn Dein Leben ist nicht in Gefahr. Vielleicht ist Deine Existenz bedroht - nicht aber Dein Leben.

Es ist Deine Existenz, über die Du Dich definierst. Dein Haben, Dein Haus, Dein Geld. Doch was machst Du damit? Ein Garten, in dem keine Kinder spielen, ist ein trauriger Garten. Und ein Baum mit dem niemand spricht, ist ein unglücklicher Baum.

Du bist ein unglücklicher Mensch, doch niemand bedroht Dein Leben. Du bist unglücklich, weil Du vergessen hast, was Leben bedeutet. Du existierst, doch lebst du nicht mehr.

Verwirrt bist Du, verwechselst das Sein mit Besitz. Das alles."

Der Mann blickte erstaunt auf, doch konnte er den Worten der Kastanie nicht folgen.

So eilte der Alb dem Baum milde zur Hilfe: „Du wandelst mit dem Menschenstrom in die falsche Richtung. Die Erdenbewohner haben vergessen zu leben. Sie bestehen nur noch, um ihre Existenz, ihren Besitz zu mehren, aufrecht zu erhalten. Sie leben für ihren Besitz, statt dank ihres Besitzes zu leben."

Wortlos erhob sich der Mann vom feuchten Boden und ging.

Am nächsten Morgen rief er seinen Gärtner zu sich.

Er fragte nach dem Wert einer Kastanie, nach Wuchs, nach Alter und gab ihm einen Auftrag.

„Ich habe Dich zu meinem Berater gemacht," erklärte der Mann nach weiteren drei Tagen wohlwollend und durchschritt mächtig sein Büro.

Zufrieden - und nicht ohne Stolz - blickte er auf die Kastanie.

Brav hatte der Gärtner seine Arbeit getan: Gefällt, geschreinert und zum Tisch verarbeitet. Doch die Kastanie sprach nicht mehr mit dem Mann. Gebürstet und geölt weilte in ihr kein Leben mehr.

Als der Mann Konkurs anmeldete und sich das Tor hinter der Hundertschaft zukünftiger Arbeitsloser für immer schloss, saß der kleine Alb zwischen den letzten, traurigen Bäumen. Seine Tränen bemerkte niemand, doch zugleich huschte auch ein Lächeln über sein Gesicht. Es war das Lächeln der Gewissheit.

Die Jahre zogen ins Land. Eines Tages trieb es den Mann in den Vorort der Stadt.

Sein Chauffeur ließ ihn aussteigen. Langsam schritt er auf den einstigen Eingang zu, drehte seine Richtung und wanderte zum Baumstumpf, der bemoost an das vergessene Gespräch von einst erinnerte.

Als er den Alb unter der großen Linde entdeckte, hielt er inne und sah auf den Kleinen herab.

„Siehst Du, Narr, wir leben. Doch Du existierst nur noch, „ sagte der Alb und blickte mit dem Lächeln der Gewissheit auf die ehemalige Industrieanlage, mit ihrem Storchennest auf dem Schornstein, den berankten Gittern und der besummten Wildwiese dahinter.

Die Lemminge
(Oktober 2005)

Der Abgrund war von weitem zu sehen. Lediglich von weitem.
Die auf der anderen Seite vermochten ihn nicht mehr zu erkennen.
Vielleicht zu erahnen.
Doch ihre Ahnung hatten sie ausrangiert. Instinkt lag nicht im Trend.
Genauso wenig wie Gefühl, Gespür oder das Wissen um Etwas, das nicht zu erklären war.

Es war ein seltsames Volk.
Dinge, die es nicht näher zu bezeichnen vermochte, machte es zu Erklärbarem, schuf wirre Formeln, nichtssagende Worte, unbegreifbare Konstruktionen und Modelle - und einige Religionen.
An irgendetwas musste man ja glauben, wenn man schon nichts mehr begriff oder fühlte. Auch an das Göttliche in sich selbst vermochte man nicht mehr zu glauben.
So schuf man sich Götter und Götzen.

Einer der ersten Götzen hieß Geld.
Man betete ihn an und tat alles für ihn, machte sich zu seinem Sklaven und bemerkte es nicht einmal.

Der nächste Götze trug den Namen Gesellschaft. Ohne ihn ging gar nichts.
Die Meinung des Nächsten war wichtiger, als die eigene Einschätzung jedes Einzelnen zu sich selbst.

Der dritte Götze war ein Kind des ersten: Wirtschaft.
Er war ein Wesen, welches einen sehr langen Schweif nach sich zog. Dieser stob Funken und aus jedem der einzelnen Funken entstand etwas Neues - Management. Jeweils mit einem anderen uninterpretierbaren Wort davor geschmückt, welches nicht im Ansatz die Möglichkeit bot, den Hintergrund auch nur zu erahnen.

Der vierte Götze hieß Existenz.
Ein besonderes Geschöpf, war es doch eine Kreuzung zwischen Geld, Gesellschaft und Wirtschaft und ersetzte das, was man einst mit dem ersten Atemzug bekam: Das Leben.
Das Leben, aus der Natur entstanden, war genauso wenig trendy, wie die Natur selbst.
Bäume wurden zu Baumbestand oder zur Rodung, in Metern gemessen; genauso wie Land in Quadratmetern und Gefühl in Kerben bemessen wurde.

Der fünfte Götze trug den Namen Unschuld.
Zunächst hätte man annehmen können, es sei eine Umwandlung des Begriffes Unvermögen. Aber da man Dank der anderen Götzen und aufgrund der modernen Entwicklung dieses Wort aus dem Sprachgebrauch gestrichen hatte, brauchte man einen Quasi-Gott der Unterwelt:
Den Ewig Schuldigen.
Und was lag näher, als die unbegreifbare - vor allem unerklärbare - Natur damit auszuzeichnen. Ein Ritterschlag der besonderen Art.

Man selbst hingegen zeichnete sich dadurch aus, zerstörerisch zu sein.
Bislang die einzige Gattung Wesen, die sich selbst bekämpfte, strafte und an ihrem eigenen Untergang arbeitete, als sei man ein Volk der Suizidgefährdeten.
Das Umfeld wurde dabei genauso zerstört wie der Mitmensch.
Ausgebeutet, missbraucht, belogen, betrogen, gebrandrodet, mit Oberflächlichkeiten ertränkt, an Verleumdungen aufgestrickt und noch vieles mehr. Der Phantasie war kein Ende gesetzt.
Den Anfang setzte man mit der Bezeichnung Umwelt.
Das war die Welt, in der man lebte. Nicht das Drumherum, sondern das Mittendrin. Aber auch dies wurde verdrängt.

Schüttelten die Götter erschüttert den Kopf über dieses Volk, so trug dies von nun an den Namen Tornado und wurde dem Ewig Schuldigen zugeschrieben.
Liess das Volk die Herzen der Götter beben, so war es die Unberechenbarkeit der Erde, die die Schuld daran trug - nicht der Verursacher.
Und brachte man die Götter zum Weinen, so waren es Flutwellen der vernichtenden Natur, Tsunamis, die man offiziell feststellte.
Nach dem Warum fragte man nicht. Das war in längst vergangenen Zeiten bereits abgeschafft.

Die Betrachter von Außen wunderten sich so manches Mal über diese Wesen, die scheinbar kopflos und ohne Verstand stetig in Richtung Abgrund liefen.

Es gab nur wenige Überlieferungen. Eine Handvoll dieser Wesen überlebte.
Das waren die Außenseiter.
Von ihnen erfuhr man den Namen dieses abgrundliebenden Volkes:
Lemminge.
Lebendige Existenzen - Menschen mit Ignoranz gegenüber der Natur, der Gefühle und der Erkenntnis...

Die Seelenfrau und das Rotkehlchen
(November 2005 – Meiner Mutter)

Es war einmal eine zarte Frau, die ihre Empfindsamkeit hinter Worten zu verbergen suchte.
Von vielen wurde sie die Unverstandene genannt, andere hatten für sie keinen Namen, denn diese Frau war ein Geschöpf, welches den Menschen suspekt war:
Zu gut für diese Welt, stetig im Glauben an das Gute und zu allem Überfluss - sie hatte stets auch ein Gefühl für die Natur, erkannte im Unsichtbaren Bilder, hörte im Sprachlosen Worte, fühlte in der Kälte noch die Wärme derer, die sie verbreiteten.
Niemand nahm sie ernst.

Schon als Kind war sie diejenige, die durch ihr Lachen auffiel. Man erkannte nicht, was sie zu diesem augenscheinlich unveränderlichem Frohsinn bewog. Auch nicht, dass es manchmal Tränen waren, die sich hinter frohem Lächeln versteckten.
Sie war ein Clown - unerkannt, verkannt, belächelt. Und so wurde aus diesem Kind eine stattliche Frau, doch an diesem Zustand änderte sich rein gar nichts.
Nur manche wussten um sie. Sie wussten, dass sich in ihr das Leben, die Liebe zu der Natur und zu ihrem Ursprung, eine Seele befand.
Für sie war diese Frau die Seelenfrau.

Die Seelenfrau bemerkte, dass einige Menschen sie verstehen konnten und das gab ihr Hoffnung. Zugleich aber empfand sie tiefe Trauer, dass andere so gar nichts verstanden.
So schwankte die Seelenfrau oftmals zwischen diesen Gefühlen, hoffnungsvoll und traurig: Sie hielt stetig an ihrem Glauben an den Menschen und das Gute fest. Dann wurde sie wieder enttäuscht, um trotzdem nicht ihre Überzeugung zu verlieren und stetig zu lächeln - auch wenn ihr oftmals gar nicht danach war.
Die kleinen Dinge des Lebens, jene, denen die meisten Menschen gar keine Aufmerksamkeit schenken, da sie so klein sind, dass man sie mit nichtig verwechselt und nicht ihre wahre Wichtigkeit erkennt, hielten die Hoffnung der Seelenfrau aufrecht, gaben ihr Kraft und nährten sie.
Leider waren es oftmals die Tiere und die für den Menschen unbegreiflichen natürlichen Dinge, die ihr jenen Mut schenkten, den sie doch so manches mal gern von ihrem Artgenossen, dem Menschen, erwünscht hätte.
Doch während dieser sich in Oberflächlichkeiten ergoss und zunehmend den eigentlichen Sinn, den klaren Blick verlor, öffnete sich das Herz der

Seelenfrau immer mehr für Jenes, das den anderen gar nicht mehr geläufig war.

Eines Tages erhielt sie Besuch. In ihrem Garten hüpfte munter ein gefiederter Bote in Form eines Rotkehlchens.
Die Worte, die in dessen zwitschernden Liedern zu vernehmen waren, verstand niemand, nicht einmal die Seelenfrau. Doch beim Anblick des kleinen Wesens wurde der Seelenfrau warm um ihr Herz, sie spürte ein Gefühl der Gewissheit und alles war gut.
Von nun an wich das Rotkehlchen kaum von ihrer Seite. Stets mit neuen geheimnisvollen Botschaften umgarnte es die Ohren aller, die es vernahmen. Doch einzig die Seelenfrau erkannte, dass der Gesang von tieferem Wissen sprach, Botschaft enthielt und unverkennbar ihr gewidmet war.

Die Jahre zogen ins Land. An einem Tage war die Seelenfrau besonders traurig. Ein geliebter Gefährte war gestorben und sein Tod nahm jegliche Freude mit sich.
Düster waren ihre Augen, düster war es ihr ums Herz und täglich wartete das Rotkehlchen vergebens vor der Tür der Seelenfrau. Tapfer sang es seine Lieder, die schier ungehört verstummten und als es die Seelenfrau bereits über Wochen nicht gesehen hatte, war es sehr, sehr traurig.
Es folgte dem Rufe jener, die aus der Anderswelt an die Seelenfrau dachten und fragte sie um Rat. Auch deren Gemüt verdunkelte sich angesichts der Traurigkeit der Seelenfrau, die sich wie eine trostlose Dunkelheit über das ganze Land zu legen schien.
Mensch wie Tier wurden eingeholt von einer ewigen Dämmerung. Die einstigen Genossen der Seelenfrau, die das Geschehen aus der Anderswelt beobachteten, wurden schwermütig und riefen das Rotkehlchen täglich zu sich, um es zu motivieren, zu ermuntern und sich weitere neue Gesänge und Rufe des Vögelchens erbaten, um die Seelenfrau doch endlich wieder zum Lachen zu bringen.
So saß das Rotkehlchen tagein, tagaus in den Ästen des weitläufigen Gartens der Seelenfrau und schmetterte mit lauter Stimme seine Lieder. Mal rief es heftig, mal zart, mal schrie es förmlich, dann fiepte es zaghaft, traurig, dass die Tür noch immer geschlossen war und ängstlich, dass es so bleiben könne.

Der Winter war trist und grau und besonders die Frau litt unter dieser Stimmung, denn grau und trist fühlte sich auch ihre Seele. Genauso litt auch das Rotkehlchen im Garten, konnte es doch seine Botschaften nicht bringen, verhallten seine Gesänge doch ungehört zwischen kahlen Ästen und gefallenem Laub.

Langsam aber wurden die Tage länger und die ersten wärmenden Sonnenstrahlen erhellten auch die Gemüter. Krokusse und Schneeglöckchen zeigten sich und als sie bereits fast ihre Blätter einzogen, um den anderen Blümelein und Pflanzen Platz zu machen, wie in jedem Jahr, konnte man eines Tages den fröhlichen Gesanges des Rotkehlchens vernehmen:

Aus der Krone einer alten Kastanie hatte es beobachtet, wie die Tür des Hauses sich öffnete und die Seelenfrau hinaustrat. Zwar glaubte das Tier seinen Augen nicht zu trauen, aber es nutzte die Gelegenheit sofort, flatterte munter gen Boden und sang mit seiner Stimme so lauthals wie es eben nur konnte.

Die Seelenfrau war auf die Terrasse getreten. Sofort bemerkte sie den kleinen Vogel und ihr Gesicht erhellte sich. Glücklich lauschte sie den Tönen den Rotkehlchens.

Nach vielen Tagen der Trauer hatte sie dessen Kraft des Gesanges verstanden; sie hörte Wehmut und Verlust, schmerzliche Erinnerung und Wehklagen. Genauso erkannte sie den Wunsch des kleinen Tieres, ihr Führer beim Wechsel dieser Stimmung zu sein. Es war Botschafter, ein Botschafter jener, die niemals gewollt hätten, dass sich die helle Seele der Seelenfrau verdunkeln möge. Und sei es auch nur für wenige Stunden. Sie verstand, dass das Rotkehlchen ein Bote des Abschied und Loslassens war, der König des zunehmenden Jahres.

Alte Geschichten und Legenden wurden in ihr wach, genauso die Erinnerung an die schönen Stunden mit jenen, die ihr das Rotkehlchen geschickt hatten. Es ist wie mit dem kleinen Prinzen, so dachte sie. Dieser sagte einst: „Und wenn Du bei Nacht den Himmel anschaust, wird es dir sein, als lachten alle Sterne, weil ich auf einem von ihnen wohne, weil ich auf einem von ihnen lache."

Ein Lächeln spielte um ihre Lippen, als sie sich erstmals nach langer Zeit der Natur hingab, den Garten genoss und dabei dem inbrünstigen Gesang des Vögleins lauschte, dessen Stimme sich schier überschlug angesichts der Freude, die Seelenfrau wieder bei sich zu haben.

Dieser kleine Führer der nichtalltäglichen Wirklichkeit begleitete die Seelenfrau von nun an wieder auf den Wegen durch die Seelenheimat; nicht geheilte Wunden wusste es mit seinem Gesang zu lindern und geheime Sehnsüchte zu unterstützen. Es hatte das Herz der Seelenfrau erneut geöffnet für den Weg der Gefühle, des Erkennens und der Natur mit ihrer Wirklichkeit.

Irrlichter
(Januar 2006)

Nacht.
Irrlichter rufen und führen.
Führen, ver-führen im Antlitz von rauschenden Schatten der lebendigen Dunkelheit, die schlaflos unter güldenem Mondeslicht wandern.

Stille.
Stille, die entsteht, wenn es ruhig zu sein scheint und Leben zugleich bebt, in all seinen Facetten ertönt.

Wilde Natur wechselt.
Sterbende Bäume, traurige Gewächse. Ein Abgesang am Rande des Waldes.

Plötzlich ein Tor.
Majestätisch fast heben sich seine Umrisse. Schmiedeeisern und von schönem Anblick.
Und doch geschaffen von Menschenhand. Geschaffen von Händen, die formten, ohne zu wissen, ohne zu verstehen.
Kunst statt Natur. Oberflächlichkeit zieht Grenzen.

Ein Schild. Eine Inschrift.
Mediengetragene und -trächtige Blindheit, wie Dürre den Hungernden fallen blasse Gedanken hinterrücks in den Nacken und lassen schaudern.
Innehalten.

Irrlichter, Schilder wie Sirenen.
Erinnernd an gleissende Lichter der Stadt, fratzende Beschilderungen, glückslügend versprechend vom neuen Leben der Moderne, der Monotonie und der Oberfläche - inmitten trauter Wildnis.

Das Auge schmerzt geblendet, ein Weiterlesen: „Selbstfindung... Das Ich..."
Reales, Irrtum?
Wie trügerisch die Reisen der Menschen, sich drogentäuschend in die Stille zu begeben. Alkoholisierte, trunkene Visionen und berauschtes Denken.
Kein Willkommen, Abschied birgt dieses Schild, trotz schöner Worte.

Jedoch...
Dicht dahinter ein Ruf. Grünes Rufen in sich lichtendem Nebel neben Sand und Kies.

Ein Rausch anderer Art:
Ein Rauschen der Blätter, unzerstampft und ehrlich. Der Trauben, ungekeltert und in vollem Drange, voller Pracht.
Berauschend der Duft des feuchten Grases, welches nach drei Schritten nur umringt, liebkost.
Betörend ihr Bericht ob anderer Tage, Zeugnis einer Epoche vor jener Zeit, in der der Mensch begann, diese Lichtung zu roden, mit Mauern zu schänden unter sterbenden Kronen.

Die Schöpfung siegte und überlebte, ein Gleichgewicht innehabend, welches keiner Flucht bedarf.
Sanfte Worte der Halme, der Gesang von Brombeerranken aus dem Hintergrund.
Wind streichelt und birgt süssliche Blüten.
Ein Genuss der Sinne. Taumel schürend, sinnlich trunken und ekstatisch mit den Wogen der Luft.
Murmelnde Rabenbäume mit fast ergrauenden Tieren und halbwüchsigen Nebelkrähen.

Dämmerung.
Versinken im ersten Augenblau des Himmels.
Gestalten grüssen aus Wolken und tagsdomestizierte Schwäne treiben in Freiheit auf Wassergrau.
Magische Bäume, in jedem Blatt mehr Wissen als in tausenden gelehrter Blätter.

Als Stilbruch des Friedens ein Haus, mächtig phosphorisierend gegen das schwindende Licht des Mondes, den ersten Schein des beginnenden Morgens. Künstliche Lichter lenken ab und können nicht wiedergeben, was ein Funkeln der Sterne an Leben verspricht.

Irrlicht... ein Versprechen von Schönheit führt zur Natur, umarmt von künstlichem Troste, den Menschen erschufen, der Zuflucht säät, sich findet in Spiegeln der Wand, die verzerren, was das Wasser von Urd einst versprach.

Nicht das Haus ist es, welches im ersten Licht des Tages erstrahlt.
Die Urkraft ruft, ihr Leben - und das Echo verhallt klar in sanftwogenden Ästen.

Irrlichter.

Gedichte seit 1990

MASKEN

Masken
Verbergen den Menschen
Seine Schwächen
Ausdruckslos
Oberflächlich
Gefühle vergraben
Gefühle geheuchelt
Und mit den Masken
Fallen die Gesichter

ABSCHIED

Der Wind weht
Weht über das Gras
Blätter kommen angetrieben
Gelb Rot und Braun
Die Zeit ist gekommen
Um Abschied zu nehmen

Nimm mich mit
Wenn Du gehst
Weit weg
Zum Herzen des Lichtes
Zum Schweigen

Denn ich bin bereit
Dir meinen Atem zu geben
Mein Leben
Die leuchtende Sonne
Und die Ewigkeit

ERFAHRUNGEN

Dreihundertfünfundsechzig
Enttäuschungen
Reihen sich an
Dreihundertfünfundsechzig
Enttäuschungen
Und doch sind sie unterschiedlich verpackt

KINDERGARTEN

Glänzende Leiber
Schlank
Wohlgeformt
Unmenschlich ihr Inneres
Edel ihre Gestalt
Der Tod gibt seinem Werkzeug
Ein grausam harmloses Aussehen

Bedeutungsschwanger ihre Namen:
Little Boys*
Wie niedlich
Wie süss
Lass die kleinen Jungen doch spielen
Ihr Spielplatz - der blaue Planet
Lass sie los...

Und Pilze
Werden blinde Sonnen ausspeien
Das Licht wird sich abwenden
Vor Ekel

(*Name der ersten Atombombe, Hiroshima, 06.08.1945)

BESTIMMUNG

Gesichter
Ausdruck von Empfindungen
Spielwiese der Gefühle
Ein offenes Buch für die Vertrauten
Ein Gesicht
Nur die Maske eines Clowns
Der lachen muss
Wenn er weinen will
Und lustig ist
Wenn die Trauer ihn zerreisst
Der seine Einsamkeit verbirgt
Und still das Kreuz der Welt trägt
Um daran genagelt zu werden
Damit die Welt lacht
Und niemand sieht die Tränen

WEHRHAFT

Die Welt
Der Mensch
Machte sie sich untertan
Zertrümmerte
Holzte ab
Begradigte
Überflutete
Bekämpfte
Tötete
Und die Erde blieb stumm

Erdbeben in Kalifornien
Vulkanausbruch in Asien
Hochwasser in Venedig
Überflutungen in China
Elefanten vor Neu-Delhi
Vom Tiger zerrissen
Vom Hai zerfleischt
Erdrutsch
Buschbrand
Und der Mensch klagt an und schreit

KONSEQUENZ

Du sagst du willst mich
Dann nimm mich ganz
Als das was ich bin
Nicht als das was du willst

GEDANKEN AN DICH

Ertappe mich, wie ich wieder an dich denke
Nachts bist du bei mir
In meinen Träumen
Zähle Wochen, Tage
Bis zum Wiedersehen

Nein, schon lange bin ich von dir losgekommen
Ich denke nur noch ab und an an dich
Zwischendurch - rein freundschaftlich
Ich mache mir da nichts vor
Oder?

IST DAS ALLES?

Ein Lachen
Eine Berührung
Vertrautheit der Gedanken
Wärme und Zuneigung
Das Gefühl ohne den anderen nicht leben zu können

Ein Strauss Blumen ab und zu
Schmutziges Geschirr, Routine
Es passiert jeden Samstag nach der Sportschau
Eintöniges Schnarchen, festgefahren
Das Gefühl mit dem anderen nicht leben zu können

Ein Lachen, eine Lüge
Berührungen - doch nicht einander: Jeder für sich
Fremdgeworden, fremdgegangen
Missbrauchtes Vertrauen, vertrautes Missbrauchen
Das Gefühl ohne den anderen leben zu müssen

LEBEN

Endlose Weite des Meeres
Dem Sturm hingegeben
An Bord
Die Angst vor der Unsicherheit
Die ungeheuren Wellen
Schlagen über den Menschen
Spielball der Natur
Wie es ihr beliebt
Land - ein schmaler Streifen nur
Am Horizont
Wenn es sein muss
Schwimme ich bis dahin

VERGESSEN

Manchmal fühle ich mich, als hättest du mich vergessen
Wenn ich traurig bin, mich nach dir sehne und du nicht da bist
Wenn ich dich brauche, mich nach dir verzehre und du es nicht spürst
Wenn du seltsam bist, ich deine Nähe suche und du die Ferne brauchst
Wenn ich an dich denke, dich vermisse und das Telefon bleibt still
Wenn ich versuche dich zu erreichen und dich nicht finden kann
Manchmal ist es seltsam und die Angst dich zu verlieren
Macht mich stumm

SCHREIBEN

Schreiben
Mehr als nur Gedanken in Worte zu fassen
Geht es mir gut
Bin ich froh, glücklich sein zu dürfen
Habe ich Sorgen
Bin ich froh, dass Probleme lösbar sind
Habe ich Angst
Bin ich froh, dass Worte mutig sind
Bin ich unglücklich
So bin ich froh, dass ich schreiben kann

LEBEN DANACH

Manche sagen
Es werde dann besser
Man habe keine Schmerzen mehr
Ein neuer Anfang
Hinter dem Regenbogen
Eine Welt ohne Dunkelheit
Ohne Leid, ohne Schmerz
Ohne Not und ohne verletzt zu werden
Doch warum will niemand gehen
Ich würde
Sofort

IRGENDWANN

Eines Tages
Wenn man es nicht mehr erwartet
Wenn man nicht mehr darauf hofft
Davon träumt
Werden alle Träume wahr
Nehmen Gestalt an
Ungebunden
An Zwänge und Normen

LEERE HÜLLE MENSCH

Liebe Abschied Trauer Schmerz Glück und Einsamkeit
Der Mensch kann vieles ertragen
Immer wieder

Immer wieder brutale Schritte auf weicher Seele
Gemeine Tritte auf tiefen Gefühlen
Eiskalte Blicke aus geliebten Gesichtern

Wortloses Gehen oder fadenscheinige Begründungen
Grosse Worte versprechende Pläne
Um dann zu verletzen

Harte Schläge ins traurige Gesicht
Brutales Nehmen
Auch wenn man nicht geben will

Körperlichkeit
Plötzliche Kühle
Immer wieder Tritte auf tiefen Gefühlen

Kaputt
Zerstört
Irgendwann entgleitet die Seele

Irgendwann bleibt nur
Ein gefühlloses vernarbtes Herz
Eine leere Hülle Mensch

SEHNSUCHT

Das Messer senkt sich
Das Fleisch gibt nach
Schatten greifen
Faulige Finger tasten
Dunkelheit, Ohnmacht
Und dieser tiefe Wunsch
Dem Land des Schreckens zu entrinnen
Das Leben heisst

Drogen oder Zeitlupe
Das Messer
Weltschmerz
Genug von allem
Genug gelebt
Genug erlebt
Und doch ein Arm der festhält
Da ist wohl noch mehr

EINE ALLEIN

Feuer
Wasser
Kugeln
Bomben
Messer
Hände
Worte...
Es gibt
So viele Arten
Einen Menschen
Zu töten
Aber nur eine
Ihn zu lieben

DROGE GLÜCK

Nur der eine Gedanke
An den einen Menschen
Sucht nach Nähe
Geistig, körperlich
Der Augenblick
Momente festgehalten
Droge Glück
Vergänglichkeit

KIND 1992
(Für C. und S.)

Überfluss
Überflüssig
Des Lebens nicht wert
Keine Chance
Im Überfluss
Daher überflüssig
Paragraphengeschwätz
Soziales Umfeld
Zu jung, zu alt
Zu arm
Nummer 218
Nicht entstehen lassen
Wenn doch
Halt wegmachen
Wo bleibt das Gefühl?

UNBEDEUTEND

Liebe
Nur ein Zusammenwirken
Verschiedener Hormone
Nur ein paar flüchtige Reize
Ein Augenblick
Ein Wort nur
Unbedeutend klein
In den Mühlen des Universums
Ein kurzer Blick nur
Allein Triebhaftigkeit
Und schmatzende Geräusche
Oder?

GESTÖRT

Völlig verrückt
Leben nicht im Griff
Verkommene Existenz ohne Zukunft
Abgedreht
Von einem Unglück ins Nächste
Chaotische Seele
Sammelt schlechte Erfahrungen
Schlicht versagt
Hoffnungsloser Fall
Kompliziert
Weltfremd
Unrealistisch
Idealist im Elfenbeinturm
Einfach nicht normal
Was ist normal?
Hätten sie Recht
Wäre ich gestört?

GANZ UNTEN

Wieder da
Altbekannter Freund
Hast mich vermisst
Ist nicht der rechte Platz für mich
Dort oben
Hier ist es richtig
Wohlig warm
Faulig dunkel
Beglückende Trauer und schmerzendes Herz
Gewohnte Traurigkeit
Morbide Fröhlichkeit
Gequältes Lächeln und als Freund der Tod
Umarme mich
Mein alter Freund
Begrüsse mich daheim

DISTANZ

Kein Schmerz
Keine Nähe
Die Schmerz zulässt

1992

Gemeinsame Zeiten
Nicht wegzuwischen
Nicht zu vergessen
Angst
Dass die Vergangenheit das Heute besiegt

GEBEN

Schenkst mir den Sommer
Im tiefsten Winter
Schenkst mir das Licht
Im verwegenen Dunkel
Schenkst mir Wärme
In klirrender Kälte

Machst meinen Weg zum Freudentaumel
Den Augenblick zum Leben
Machst aus der Öde Üppigkeit
Und aus dem Zweifel Sicherheit

Weckst ungekanntes Vertrauen
Weckst Freude auf die Zukunft
Und Kraft die Stärke birgt

Warum fragst du dich - mich
Ob du mir wohl genug geben könntest?

CHANCEN VERTAN

Chancen vertan
Und in den Wind geschossen
Leben zerstört?

Das Leben
Dauert länger
Als nur eine Chance lang

VERSAGER

Versagt
Ob der Erwartungen anderer
Deren Ansprüchen
Und Akzeptanz

Anders
Idealismus
Versagt vor sich selbst?
Treue sich selbst

WAHRES LEBEN

Die Nacht ist ein Tag
Der Tag die Nacht
Fliegen - Fliehen
Schweben im Nichts
Und Kälte

Unberührbar
Keine Gefühle
Nur Hauch von Seele
Zwischen Himmel und Hölle
Im Nichts

Mensch
Wo er hingehört
Wertlos, unwissend
Und oberflächlich

In der Oberflächlichkeit
Ein Partikel der Unendlichkeit
Nicht einmal
Ein Mikrokosmos

Unwert des Lebens
Des Todes
Doch im Tode erträglich
Im Leben eine Qual

KÖRPERLICHKEIT

Fallen lassen
Entgleiten in eine andere Welt
Eine Welt der Lust
Der Leidenschaft
Heisse Begierde
Fordernde Schenkel
Tiefe Blicke
Zarte Berührungen
Heftiges Nehmen
Erhitztes Verlangen
Und sucht nach den warmen Lippen des anderen
Klopfendes Herz
Pulsierendes Blut
Eins sein
Nur Körperlichkeit?

ZUGFAHRT

Fliege vorbei
An Landschaften
Häusern
Menschen und Gedanken
Der eine Gedanke bleibt
Surrende Masten
Flimmern
Fragen drehen sich mit Rädern
Auf Schienen
Gehirnsträngen

LEBENDIG?

aneinanderreihung von organen
selbständig
nur totes fleisch

ein bisschen blut,
allein nur klebrigwarmer,
dicker saft

ein bisschen fleisch
allein nur hundefrass,
im alter faulend

ein bisschen horn
allein porös,
nur stoff für gute zwecke

ein bisschen haut
allein
nur faserig dünne fetzen

ein bisschen hirn
allein
nur strangvernetzte klumpen

eiteler Mensch,
vermessener
nichts als

im hautigen sack
verpapptes organ
mit stumpfer seele

DUNKELHEIT

Geborgen
Nichts zu fürchten
Warme weiche Dunkelheit
Mein Freund
Ich rede mit dir
Du verstehst
Ohne dass ich etwas sage
Freiheit
Ewiges Treiben in den Gezeiten des Universums
Aufgefangen in den Kokons nächtlicher Träume
Wogen der Dunkelheit
Glück
Denn für dich sind alle gleich.

VERBOT

Blockiert
Zerrissen
In mir selbst
Unfähig
Zu schreiben
Zu sprechen
Zu lügen
Die Wahrheit zu sagen
Und zu erkennen
Der Verstand sagt nein
Das Gefühl sagt ja
Ich darf nicht
Aber ich will

AUGEN

Erste Blicke
Gänsehaut
Hitze
Denn aus deinen Augen sprach die Weisheit alter Tage
Und die Versuchung der neuen Zeit
Die Einmaligkeit des Lebens
Und die Endgültigkeit des Todes
Deine Augen
Spiegeln deine Seele
Formen dein Bild in mir
Und ich versinke darin
Dein Bild
Tätowierung meiner Seele
Eingebrannt
Unauslöschlich
Bestimmt es mein Leben
Meinen Schmerz
Meine Liebe
Tage sind Juwelen
Mit dir...
Mit deinen Augen

TRÄUMEREI

Träumer
Verpacken
Morbide Gedanken
In depressive Gedichte
Und melancholische Geschichten
Die niemand lesen will

Träumer
Idealistischen Unsinn
Werfen sie auf die anderen
Denen es nur
Die Köpfe zertrümmert
Die nicht verstehen

Oder doch?
Träumer!

GANZ EINFACH

Der Wunsch
Geliebt zu werden
Nicht der Körper
Nicht das Bild was man sich macht
Geliebt werden
So wie man ist
Nicht wie man sein sollte
Nicht sein kann
Geliebt werden
Einfach so

AUFBÄUMEN

...zwischen Nacht und Morgen
Erschaudern
Ängste kommen frei
Von ihren Fesseln
Angst zu leben
Zu sterben
Möchte Laufen
Weit weit weg
Mich verstecken
Doch ich kann nicht
Darum
Will ich kämpfen
Denn davor
Habe ich keine Angst

MENSCHLICHKEIT

Irgendwann
Irgendwo
Wird der Mensch den Menschen zerstören
Und die Welt
Wird wieder menschlich

LEBEN I

Menschen
Die lachen, scherzen, glücklich scheinen
Sind im Inneren Leichen
Und weinen Tränen aus Blut

Viele werden ewig weinen
Weil sie den Grund für ihre Schmerzen nicht kennen

Einige jedoch
Kämpfen
Stück für Stück erobern sie
Den Weg ans Licht

Ich lachte, weinte, kämpfte
Ist es ein Sieg?

NICHTS

Ballast
Anhängsel
Nur Mensch
Sonst nichts
Ein kleines
Elendiges Nichts

VERSTÄNDNIS

Verstehe alles
Verstehe
Dass du keine Zeit hast
Verstehe
Dass das jetzt wichtiger ist
Verstehe
Dass es da ein Problem gibt
Verstehe
Dass sie noch Rolle spielt
Verstehe
Dass ich da zurückstecken muss
Verstehe
Dass du nicht darüber reden willst
Verstehe
Dass ich das ohnehin nicht verstehen würde
Verstehe
Dass du bei allem einfach mal entspannen willst
Verstehe
Dass meine Fragen nerven
Sollte einfach
Mehr Verständnis für dich haben...

OPFER UND TÄTER

Zur Wehr gesetzt
Degradiert
Zum Objekt
Diffamiert
Zum Stück
Miststück
Benutzt
Gedemütigt
Erniedrigt
Missbraucht
Gebraucht
Opfer
Doch Gefühle
Machen zum Täter
Schmutzig
Elendiges Spiegelbild
Aggression gegen sich selbst

OBJEKT

Einfaches Nehmen
Zur Befriedigung
Wehrender Körper
Schmerz
Der andere Lust
Gewalt
Angst
Lustvolles Stöhnen
Ekel
Tränen
Glückliches Lächeln
Herabwälzen
Ekel vor beiden
Vom Menschen zum Objekt

SCHMUTZ

Doch nicht zu reinigen
Gefühl wie Dreck
Selbst schuld
Angst
Vor Berührungen
Vor Blicken
Schriften auf Stirnen
Ablenkung
Verdrängung
Doch Momente
Der Unmöglichkeit
Ekel vor sich und anderen
Kann sich einfach nicht mehr in die Augen sehen

UMKEHR

Das Nein übergangen
Die Wehr nicht beachtet
Umgedreht die Wahrheit
Aus Passiv wird Aktiv

ÜBERGANGEN

War es nicht schön
Sag nicht
Du hättest es nicht auch gewollt
Zerstöre nicht das Glücksgefühl in mir
Wie leidenschaftlich du dich wehrst

AUSWEG AUS DER FLUCHT

Angst, wenn ich nüchtern bin
Wenn ich erwache
Wenn ich schlafe
Wenn die Unruhe kommt
Ich laufe weg
Vor der Angst
Vor den Schmerzen
Der Unruhe
Mir selbst
Wenn sie mich einholt
Ist alles beim Alten
Doch warum
Sollte ich nicht einfach stehen bleiben
Mich der Angst stellen
Und ihr das Schwert der Liebe
Hoffnung
Und des Glückes
In den gefüllten Bauch rammen?

DIE TIEFE

Einmal mehr wieder
Auf dem Weg nach unten
Schwarze unendliche Tiefe
Scheint mein Platz zu sein
Küsse die Depression
Nass und glitschig
Kämpfe gegen faulige Gestalten
Die mir so unendlich bekannt und vertraut
Will Gedanken töten
Machen wirr
Machen Angst
Und lassen mich hinab ins schwarze Nichts
Kraft
Verbraucht
Altbekanntes Fallen
Zweifel machen mich verrückt
Laufen
Weglaufen
Durch die Irre
Des Labyrinthes der Gehirnstränge
Was ist?
Was wird?
Freude
Abgelöst durch panische Gedanken
Ganz unten
Jämmerlich

DER MENSCH

Einige kommen aus dem Licht
Streifen wie Schmetterlinge die blühenden Blumen auf einer Wiese
Küssen den Himmel und tanzen mit dem Wind
Viele jedoch kommen aus dem Dunkel
Wandern durch ihr Leben
Verstecken sich im Schatten ihrer selbst
Kämpfen stets mit ihrer Seele und dem Herzen
Suchen nach einen Platz in dieser Welt
Flüchten sich in Träume und verlieren sich darin

FRAGE

Es heisst, nur das sei interessant
Was man nicht bekommen könne
Jagdtrieb

Nur das sei interessant
Um das man kämpfen müsse
Eroberungslust

Nur das sei interessant
Von dem man nicht wisse, was es fühle
Sucht nach Ungewissheit

Bist du Jäger
Eroberer in der Ungewissheit?

LOGIK

Ein Lächeln zeigt mir
dass die Welt schön ist.

Wäre sie nicht schön
würde niemand lächeln.

WAS?

Geboren unter Schmerzen
Sterben unter Schmerzen
Und dazwischen...

WORTE

Worte die Angst machen
Treffen sicher
Treffen hart
Ins Herz

Drohungen
Angst
Dass Worte
Zum Denken geraten

NACHT

Der Schlaf ist ein kleiner Tod
Kommt zu jedem
Ungebeten
Dämonen der Nacht
Unheilsboten
Gottlose Saat
Kommt
In die Herzen der Menschen
Ungewollter Gast zu später Stunde
Greift nach dir
Mit weichen Rabenkrallen
Die dich mitnehmen
Doch da ist etwas
Was dich hält
Und jeden Morgen wieder
Das Wunder der Geburt

DIE VERGESSENEN

Allein mit sich
Der Natur
Hausen im Zelt
Auf der Strasse
In den Nischen
Der Häuser
Und der Gesellschaft

Verachtet
Nicht beachtet
Vertrieben
Ballast der Menschen
Die Welt ist doch so schön
So soll man sie nicht sehen

Wohnungslos
obdachlos
Doch im Gegensatz
Zum Bürger
Alles andere als herzlos

ROSE

Bekam heute
Die schönste Rose meines Lebens
Von schmutzigen Händen überreicht
Vom einzigen Geld bezahlt
Verlegenes Lächeln und dankbarer Blick

Dankbar
Für Zeit
Für Essen und Trinken
Für Reden und Trost
Das Verstehen und Zuhören

Danken mir
Doch ich habe zu danken
Kann etwas tun
Gegen die Ungerechtigkeiten dieser Welt
Kann etwas geben
Gefühl Herz und Gehör

Die schönste Roses meines Lebens
Von sogenannten Pennern
Ausgestoßenen der Gesellschaft
Niemals werde ich diese Menschen
Diese Blicke vergessen

Und diese Rose wird niemals verblühen

OBDACHLOS

Mattes Licht in müden Augen
Und doch von schönem Leuchten
Vogelkot auf wirren Haaren
Zitternde Hände, Schmutz der letzten Jahre

Verzweifelte Herzen
Traurige Herzen
Doch Herz - Ganz Mensch

Fern vom Geschehen und doch
Das tiefe Wissen um das Leben
Jeder nur für sich - der andere egal
Sagen sie von dem Menschen

Blicke der Passanten
Was redet die mit denen?
Warum?
Mit diesem Pack?

Weil sie Mensch sind
Alleingelassen vom Staat
Verlassen von allen

Traurige Gestalten sitzen da
Verstossen
Ausgestossen
Auf dem Boden

Zu Füßen
Der Gesellschaft
Verachtet
Missachtet

Dankbares Lächeln
Greifende Hände
Nach meiner Hand

Blicken nicht nach den anderen
Nur nach dem der mit ihnen spricht
Und das
Bis auf die Seele

GEFÜHLE

...gefangen in unendlichen Tiefen
Rosen im Stacheldraht vergraben
Vermint in einem Meer von Blüten
Versteckt vor den anderen
Aus Angst immer gegenwärtig
Angst zu lieben
Angst geliebt zu werden
Angst zu verletzen
Angst verletzt zu werden

THERAPIE

Die zitternde Hand zum Trost gereicht
Das schmerzende Herz in Mauern gesteinigt
Das tränende Auge in Bilder gestürzt
Selbstzerstörung in Raten
Ist schöner
Als der schmerzlose Weg ins Nichts

STUMM

Warum ist der Mensch nicht sprachlos
Still und stumm
So viele Worte
Treffen härter als Pfeil, Kugel und Bombe
Stechen tiefer als das feinste Stilett
Worte gebraucht, missbraucht als tödliche Waffe
Wäre er doch sprachlos der Mensch

AFRIKA

So fern
Nur die Gedanken so nah
Getrennt durch Meere Welten Leben
Und auch Angst
Gefühle gen Süden
Schicke sie mit den Sternen
Der Sonne und dem Wind
Weite Reisen
Kommen sie an
Werden sie beantwortet
Afrika
Ferner Kontinent jenseits
Gedanken gen Süd
Der Adressat
Nur noch ein Phantom
Möchte mit den Gefühlen reisen
Mit den Gedanken
Zu mir finden
Und zu den Antworten
Auf Ängste und Frage

WOLKE SIEBEN

Sehe hinab
Sehe dich
Sehe sie
Die Frau in deinem Schatten
Weckt Schmerz
Und Erinnerung

FRAGEBOGEN

Männer
Ist da eine Freundin die empfindet
Eine Exfreundin die terrorisiert
Und Schatten wirft
Ein Kind das weint
Oder auch lieben könnte
Eine Angst die verunsichert
Ein Kopf der nicht klar ist

UNBEMERKT?

ohne es zu merken
geraten wir in einen abgrund
ohne es zu wollen
übertreten wir die grenzen
ohne es zu verhindern
vernichten wir uns selbst

und nennen es fortschritt

aber es ist kein fortschritt
nicht für uns
nicht für die menschheit
nur
für den rest der welt
fort-schritt

SCHLÄGE

Warum hast du mich nicht geschlagen
Wäre mir lieber gewesen
Als die Worte, die du warfst
Fäuste treffen den Körper
Doch Worte trafen die Seele

AGGRESSION

Kann Wut solche Gedanken herbeizaubern
Müssen sie nicht schon zuvor bestehen
Wenn Worte dann schmerzhaft fallen
Ist es nicht so, dass sie aus der Tiefe kommen
Oder ist es nur die Wut
Und der Gedanke ist der Gute
Voller Liebe?

LEBE NOCH

Chaos
Gefühle vergraben
Egoismus in versteinerten Herzen
Gefühle verboten
Tun nun weh
Seifenblasen
Überall
Viele sagen vieles
Lächeln
Doch ist es Ernst
Worte doch nur Lüge
Gedankenleere
Gedankenflut
Überall
Wenn man doch nur fällt
Und dann die schwarze Tiefe
Aber ich leb noch
Doch ich lebe noch

FLUCHT

Wieder einmal
Die Flucht
Vor sich
Vor den Gedanken

Der Wein
So gut bei Nacht
Allein mit den Gedanken
Vor denen Flucht misslingt

GALERIE DER FÄLSCHUNGEN

Liebe
nur geheuchelt
verliebte verschlagene Blicke
auf eine geschlagene Seele

Wut
nur gespielt
die Macht der Machtlosen
für die Ohnmacht

Vertrauen
gegeben, um zu missbrauchen
und zu zerstören
was zu unseren Füßen wächst

Gefühle
verpackt in der Maske eines Menschen
und wir alle sind die Käufer
in der Galerie der Fälschungen...

GEDICHTE SEIT 1996

WORTE I

Am Anfang war das Wort
Und es bekam die Macht
Worte können leben
Liebe zeigen und begeistern
Dann wuchs das Wort
Und auch die Macht
Wäre es doch klein geblieben
Das Wort aller Anfänge

SEELENLAND

Kampf um jeden Zentimeter Land.
Die Armee rückt vor.
Rückschlag.

Das Ziel ist die Eroberung der Ruhe.
Für Körper.
Für Kopf.
Für Seele.

Aufrüstung.
Momente der Stille.
Der Nähe.
Des Lachens.
Des Vergessens.
Des Genusses.

Und doch ist das Land längst entronnen.
Eroberung zerschlagen.
Tägliche Schachzüge des Gegners.
Schachmatt im Seelenland?

LEBENSTAUMEL

Allmächtiger Dunstkreis.
Kein Entrinnen,
kein Wille zu Entrinnen.
Genuss,
Aufsteigender Duft,
Nasentrunken,
Der Dunst der Endlichkeit.

LEICHTIGKEIT DES SEINS

Personifiziertes Verderben.
Verantwortung für alles.

Eigene Schritte - schrittweise herbeigeführt.
Familienentscheidung - entscheidende Manipulation.
Studientiefpunkt - punktuelle Tiefschläge.
Freundschaftsverlust - verlustierte Abschirmung.
Sexualneutrum - neutraler Entzug.
Jagdneigung - fortgejagte Zuneigung.

Pures Unglück.
Marionetten-Eigenständigkeit?

GRAM

Hass aus vertrauten Augen,
aus denen die Vertrautheit längst gewichen ist.
Verderben,
so die Worte.
Zerstörung
des kläglichen Rests an Gefühl,
Kindsvater-Gefühle.
Bin ich das Verderben,
mit der Last der Verantwortung,
so ist es auch mein Verderben.
Der Aggression auf Gedeih und Verderb
ausgeliefert.

WAHRE LIEBE

liebe, heirat, farce
die liebe, die heirat,
nur die farce ist real

genuss zu töten,
menschenjagd

seelentöter,
brandschatzung im seelenleben,
gebrandmarkt,

tag für tag
mit einem lächeln auf den lippen

das lächeln stirbt,
die unzufriedenheit
erstickt

gleiches,
mit gleichem vergelten

wer liebt tötet nicht
und wer geliebt hat
der kann doch nicht nur ausbrennen wollen

vergessen?
nicht fähig!

menschenjäger,
seelentöter
lieben den abgrund – nur in sich selbst

ZUKUNFTSLUST

Verrat an sich selbst
Tag für Tag

Ein Blick in die Zukunft.
365 Tage noch.

Sechzig Jahre noch, vielleicht
Fünfzig.

Männer sterben eher als Frauen.
Vierzig.

Mit sechzig fängt das Leben erst an.

TREIBSAND

Versinken,
Zehrende Schritte
In welche Richtung auch immer -

Fata Morgana voraus:
Hoffnung mit Namen.

Blei-Fuss im Sand,
Zug-Zwang nach Unten.

Treibsand.
Doch der Kopf ist noch oben.

SELBSTBETRUG

Friede
Harmonie
Verständnis

Eine Farce
Drei Tage
Vielleicht vier.

Zwei Augen nur,
Bombardement
Hasskanonaden

Abscheu
Aggression
Blicke die Töten.

Können Verstorbene noch fühlen?

Aufrappeln,
um wieder und wieder verletzt zu werden.
Getötet zu werden.

Siechtum.
Hoffnung.
Immerwährendes Spiel.

ZURÜCK

Tanz auf dem Vulkan.
Tanz auf dem Abgrund.

Die Feder als Waffe.
Kann wieder Schreiben.

Zurück
In der düsteren Welt.

Begrüsst
Mit marodem Hallo,

Glitschklebriger Umarmung,
Verwesendem Kuss.

Geliebte morbide Tristesse,
Wir feiern ein Fest.

Die Worte fallen
Aus Hirn, aus Seele.

Wie Hautfetzen,
Bröckelnd, zermalmt,

Knirschend,
Wie ein Körper im Zerfall.

Verderben.
Eben doch das Zuhause.

NUR EIN LÄCHELN

Ein Lächeln nur.
Körperlicher Schmerz,
Seelischer Schmerz,
Nur durch ein Lächeln.

Vergewaltigt durch das Wort,
was man selbst schenkt.

Geben ohne zu wollen.
Gegen Gedanken,
Gefühle
Und gegen die Vergangenheit.

Geben ohne zu wollen.
Wehren. Ohnmacht.

Selbstvergewaltigung
Für den Frieden.

SCHÖNE NEUE WELT

mehr schein als sein...

selbstlüge, lebenslüge,
hoffnungstaumel –
mehr taumel, als hoffnung

ansonsten farce...

kein ausweg,
wo,
warum?

die lebenslüge lebt ein leben

AM NABEL DER WELT

Genährt durch den Mutterkuchen,
Aufgesaugt durch den Nabel.

Per Gen ins Blut,
Durch Erziehung die Absolution.

Arroganz und Oberflächlichkeit,
Überheblich bis in die letzte Zelle.

Vom Vater zum Sohne,
von der Mutter zum Kinde.

Absolut weltliche Geburt.
Doch überweltliches Fühlen.

Sadismus erlaubt.
Zerstörung erbeten.

Nicht Fron,
Sondern Hohn und frönen daran.

Am Nabel des Abgrundes nährt sich der nächste
Und wird vergiftet.

Tropfen für Tropfen.

GEDICHTE SEIT 2000

NEUTRALITÄTSGESETZ

Alle Antworten wurden nie gegeben.
Alle Fragen nie gestellt.

Beredetes Schweigen,
Schweigendes Leben.

Entfernte Nähe
Auf naher Entfernung.

Augenblicke der verschlossenen Augen.
Vergessene Erinnerung,
Ein einziges Warum.

Hoffnung auf Begreifen,
unbegreifliche Hoffnung.

Eine Hand ist keine Erklärung,
Ein Blick keine Beantwortung.

Keine Suche, kein Warten,
Nur ein wunschvoller Anspruch auf ein
Neutralitätsgesetz.

SINN

Aufwachen,
um schlafen zu wollen.
Kämpfen,
um Niederlagen zu erleben.
Freundlichkeit,
um Hass zu überleben.
Hoffnung,
um daran unter Tränen zu ersticken.

SPIELREGELN

Die selbe Regel.
Das selbe Spiel.
Das Spiel – die Regel.

Ewige Niederlage
Spielt gegen fatalistische Hoffnung.
Jahres-Spiele...

FESTUNG

Beseelte Hornhaut,
Hornhaut auf der Seele.

Nur eine Blösse,
verdeckt,
doch entdeckt.

Immer wieder.

Ruhe.
Kampf darum.

Stein für Stein.
Bröckelnd.
Doch Stein auf Stein.

Die Mauer wächst.

Steine aus Haut.
Beseelte Festung.

Und sie wird uneinnehmbar sein.

FLEISCHHACKER

Fleisch,
Haut,
Fetzen.

Fleischige Seele.
Hautige Seele.
Hornhautig.

Hass aus Blau.
Augenblau.
Kaltblau.

Verderbendes Reissen.
Fleischiges Hacken.
Gehäutete Seele.

Fleischhacker.
Seelenfrei.

LUSTGEWINN

Harte Worte.
Kalte Blicke.

Bringen Verzückung.
Welch Lust.
Welch Erfolg.

Steter Tropfen höhlt den Stein.
Wort-Tropfen.
Seelenstein.

Seelenhart,
Seelenweich,
Seelenhaut,
Seelenblut.

Tropfen für Tropfen.

SCHANDE

Soviel gesehen.
Soviel verstehen.
Soviel Wissen.

Stummschrei.
Körperklein.
Geistesgross.

Bedingungslosblau.
Endlosblau.
Augenblau.

Kinderaugenblau.

TAUBENBLAU

Worte fallen auf schlechten Boden.

Fragende Augen.
Fragliche Augen.

Augenfragen.

Verständnislos.
Unverständig.

Unbeirrbar.

Selbstliebend.
Selbstherrlich.

Blaue Augen.
Taub.

Taubenblau.

AUGENBLICKE

Augenblicke.
Betörende Aggression.
Bestechende Wut.
Leidenschaftlicher Hass.
Überwältigende Brutalität.
Augenblicke,
Ein Blick nur Sekunden.

FARBENLEERE - Das Leben ist kunterbunt

Seelenrot grenzt an Seelenschwarz.

Ertrinken im eigenen Augenblau.
Körperschmerzrot wird zu Ignoranzklar.

Schwenkendes Friedensweiss
Kämpft gegen Kriegspurpur und unverstehendes Tauben-blau.

Resignationsgrau.
Hoffnungssonnengelb.

Niederschlagsschwarz,
Fleischrot,

Lippenrot,
Hautfetzenrot,

Vernunftsbeige durch Kinderaugenhellblau und
Besonnenzartgelb rennt gegen Festungsgrau.

Sehnsucht nach Glückstaumelorange und
Genusstrunkenapricot.

Hoffnung auf Erleuchtungsknallgelb,
mit gallencremefarbenen Beigeschmack.

Notwendige Farbenlehre.
Was bleibt sind leere Farben.

SIEG

Mottenkraft gegen Lichtglas.
Flügelzart gegen Lampenwarm.
Zerspringen.
Körperscherben?
Glasgebeine?
Seelenkraft gegen Kunst-Licht!

NARBENGROSSE KINDERSEELE

Zuschauen
Durch Hilflosigkeit.
Verhindern wollen
Mitinvolviert
Doch machtlos.

Seele zerblättert
Stück für Stück
Mehr und mehr
Hoffnung für Hoffnung.

In vier Jahren nur...

Keine Chance
Im Leben.
Noch ein bisschen Kampf zu geben.

Vorbei
Bevor sie gelebt.

HERRENRASSE

Das grösste
Das beste
Triumph pur

Mit der Muttermilch

Konflikte
Komplexe
Doch ohne Kompromiss

Was bleibt
Ist das Spiel der Herrenrasse
Mit dem Spielball aus Mensch.

Machtgefühl ausleben -
Heisst vergessen
Gefühle verletzen -
Heisst Wohltat
Spass am Leiden der anderen -
Heisst selbst nicht mehr zu leiden

Nicht erlaubt,
Nein,
Geschmäht,

Doch die Herrenrasse
Hat ein Visum
Für diesen Abgrund

TRAUMLAND

einschlafen um bitte nicht mehr aufzuwachen

nach aussen – alles wird gut
den traum leben...
the american dream

will stoppen, aufhören,
aufwachen daraus,
oder nie wieder wirklich wach werden

der bussard zieht die kreise
und wirft schatten
lebensschatten

sie lebt ihren traum - the german nightmare...

ABGRÜNDE

geliebter abgrund
geliebter absturz
tanz auf dem vulkan
balanceakt auf der schneide
gratwanderung als inhalt

genug

selbstbestimmung

nicht der fall in den fremden abgrund
sondern
das recht auf den eigenen

den eigenen abgrund überlebt man nicht

DARKNESS, MY OLD FRIEND

der kuss kostet die lippen
mit dem klopfen stirbt das herz
blut pulsiert
blut heisst wärme
wärmt das herz
blutendes herz
ist wohlbefinden
so rein
vegetativ
die heimat

PARIS UND HELENA

Lustiges Hüpfen
Springen
Und Werfen

Hin und hinfort

Spielball

Einst Paris genannt,
Als Spielball der Helena

Lustige Spielchen
Gegen die Wand und zurück

Roter Spielball
Gefüllt
Mit Mensch
Aufgepumpt
Mit Seele

Spielball mit Wunsch zu zerplatzen

MENSCHLICHE WÄRME

machtlosigkeit
erstickende tränen
gähnende leere
in der hülle mensch

wie kraftvoll
wie frohsinnig
wie pur

pur ist nur noch die leere
suche nach entrinnen
laufen gegen wände
die wände hoch
ist nicht mehr möglich

der brunnen sinkt
das wasser steigt
der hals ist null

schnappen nach luft
mit
durchgetrennter gurgel

der geist beherrrscht den körper
doch der geist ist schwach

und durch die adern rast das blei
aufraffen, aufrappeln
im versinken

ganz versinken
tief und tiefer
dort ist es warm

SEELENKÄUFER

Mensch
Als passend empfunden
Gekauft...

Liebe auf den ersten Blick?
Scheitern nach dem ersten Blick...
Hoffnung auf Freundschaft

Täglicher
Verkauf der Seele

LEICHENFLEDDEREI

Gänsehaut,
jeden Tag,
der Blick in den leeren Spiegel,
aus leeren Augen.

Tage zeichnen sich wie Jahre.
Hautfurchen,
Seelenfurchen.

Atem ist schwer.
Können Tote atmen?
Können Tote fühlen?

So lebendig
Und doch so verstorben.
Seelenleichnam,
Grabschändung,
Am lebenden Beispiel.
Tot wie nie.

AUF HALDE

Schutt
In rauen Mengen
Rau wie schürfen

Seelenschutt
Arbeitsschutt
Launenschutt
Aggressionsschutt
Sondermüll

Mal monatlich,
wöchentlich
oder auch täglich.

Abgeladen mit dem Panzer,
Kettenräder
Wie Kettensägen.

Abladeplatz,
Schuttabladeplatz
Aufnahmefähiger als ein Container.

Platz gepflastert mit
Mensch
Seele
Und Leben.

Aufgeschürft
Durch Sondermüll.

GÖNNERHAFT

Ein Quäntchen Glück,
eine Prise Zufriedenheit,
ein Hauch von Frieden.

Missgönnt,
nicht zu ertragen.

Auftrag von schizophrener Psyche an Körper:
Handeln.
Zerstören, zermalmen,
einfrieden und ausnivellieren.

In der eigenen Unzulänglichkeit,
Unzufriedenheit
Zu ersticken
Wäre tragisch.

Tragik denen, denen sie gebührt.
Gönnerhafter Mensch.
Panzermensch.

STOLZES HERZ

Bestehend aus Aufbäumen
Energienreserven

Ausgebeutet.

Brandrodung
Brandschatzung.

Letzter Schatz ist der Stolz.

Gebrochen und verzaubert
In Nachgiebigkeit und Ertragen.

Zeitfragen.
Die Scherben hält der Schein.

ABGESANG

Bäume treiben die Blüten des Lebens im Winter
geweckt durch das Feuer des Todes
durch Feuer, das vom Himmel regnete
und die Herzen der Menschen verbrannte

Kinder werden gezeugt
ohne Wissen um die Zukunft
und um das Morgen
Leben im Tod - todgeweihtes Leben

Sonnen erhellen die Nacht
und tödliche Sterne entladen ihren Glanz
die große Stimme ruft zum Untergang
zum Babylon der Menschheit

Sirenen singen ihren Totengesang
über den Dörfern und Städten
über den Menschen
und ihren Werken

denn ihre Werke zerstören einander
und übrig werden Trümmer bleiben
die niemand wegräumt
weil niemand da ist...

PULSIERENDES LEBEN

Leiser Atem,
sanft hebt sich die Brust im Takt
Leben pulsiert
Schwach wie eine leichte Brise

Blut fliesst,
Seele fühlt
Körper fühlt.

Blicke, fragend.
Erwacht?

Blicke, anderer.
Der Anblick zwanzig Jahre älter,
in Sekunden nur.

Es wird besser,
vernimmt das Ohr.
Entspanne, bleibe stolz,
niemand kann den Stolz zerstören.

Blicke, fragend.
Nach innen.
Stolz?
Ein grosses Wort.

Leben?
Ein noch viel grösseres.

Der Körper ist intakt.
Gefühle sind da.
Und doch war ich noch nie so tot wie in diesen Tagen.

BLUE

Leergebrannt ist die Stätte.
Und in den öden Augenhöhlen wohnt das Grauen.

Grauen
In der Seele.
Grau.
Dunkelgrau.
Seelendunkelgrau hinter der blauen Maske.

Wann fällt das Gesicht hinter der Maske?
Wenn die Maske fällt,
so ist das Gesicht eine Farce.
Züge gehalten von Maske.
Gefühle gehalten vom Schein.

Das Sein ist leer.

PUPPENSPIEL

Samtene Vorhänge
Auf gefärbter Pappe
Und buntem Holz

Lustige Figuren
Tanzen und Singen
Seid Ihr alle da, Kinder?

Geschichten aus dem Leben
Harmonie als Drehbuch
Karierter Stoff mit weichem Plüsch
Feine Hände klatschen

Die Gesichter zum Lachen verzerrt
Die Hand in der Figur
Ist seelenlos.
Sprachlos.
Machtlos.
Leere Lippen singen ein Lied.
Tritratralala der Kasper ist schon wieder da.

CLOWNERIE

Aufbäumen.
Der Körper wehrt sich.
Der Geist kämpft.
Schweiß rinnt
Die Seele hinab.

Wie durch Tritte gerührt.
Wie von Händen gepackt.
Zu Boden geworfen.
Genommen.
Zu dem gebracht, was man nicht will.

Tritte schmerzen,
Hände würgen,
Zeichnen Male,
Brandmale in den Geist.

Schande beim Blick in den Spiegel.
Ekel vorm eigenen Auge.
Die Seele errötet,
Vor Lüge gekränkt.

Eingewickelte Abscheu
Verpackt in ein Lächeln
Auf blutigen Lippen,
Jeder Schluck ist Bitternis
Und Bitterkeit.

Ein Wort
Ein Witz.
Der Witz ist man selbst.

Selbstlüge?
Vergewaltigung des Ichs.
Täglich.
Der Täter ist man selbst.

DER CLOWN

Tänzelnde Schritte,
Ein Lachen,
Ein Scherz.

Der Clown spielt sein Spiel.

Ein tägliches Lächeln.
Alles ist gut.
Ein tägliches Scherzen.
Alles wird gut.

Wir tanzen, wir reden,
Wir scherzen,
Die grinsende Maske
Wird zur Verzerrung.

Das Lachen klingt hohl
Und gerät zum Aufschrei
Worte verhallen dumpf
In der Seelenhöhle.

Tanz in den Abgrund

LIEBE

Stumpfsinniger Irrsinn
Hoffnung auf eine bessere Welt

Traum von Gefühl
Unter Gefühllosen

Mensch genannt

MALEN NACH ZAHLEN

Verbundene Zahlen
werden zum Menschen.

Farbe.
Der Mensch ist bunt.

Etwas schwarz für die Seele.
Etwas rot für die Narben.

Ein wenig gallengrün für das,
was im Halse stecken bleibt.

Stacheldrahtgrau für das,
was nicht über die Lippen kommt.

Blau noch, für die gestorbene Hoffnung,
ertrunken in hellblauen Tränen.

Grau für die Resignation, die im Laufe der Jahre,
die Lebenslust kränkte.

Rosé für die Schamesröte, die bei jeder Friedensheuchelei
den eigenen Geist belog.

Gelb für die Sonne, die nicht mehr zu scheinen vermag,
weil sie hinter atemfarbenem Geschrei erlosch.

Weiss für die Unschuld,
die nach den ersten vier Jahren wich.

Und dunkelrot für das Blut, das aus den Augen quillt,
in den sehnsüchtigsten Träumen.

DEREGULIERUNG

verordnetes leben
ödes muss

gequetschte geburt
verzogenes grossziehen
staatliches erziehen
zu menschlichen monstern

seelenlos
leblos

im überfluss
doch überflüssig

standardisiertes erwachsensein
unberufene berufe

erwartete körperlichkeit
gepaart mit gefühlsverordnung
zu gesellschaftlichem etwas

seelenloser
lebloser
im überfluss sehr überflüssig

langsames modern bis zum alter
wrack der gesellschaft

klotz der anderen
kann leben verordnet werden?

welch wünschenswerte
deregulierung

HEIM INS REICH

Bleiernes Herz
Zieht nach unten

Heimwärts

Seelenwrack
Peinigt den Menschen

Liebesangst
Verstösst den Fühlenden

Unwert des Taumels
Im Licht
Im Gefühl
Im Licht des Lebens

Dunkelheit
Wohlig und heimisch
Beissende Gerüche
Zernagen die Nase

Faulen den toten Körper
Nur die Seele überlebt flatternd in den Zeiten

Getrieben
Vertrieben

Im Abgrund zuhause
Und verdient

BLEIFLUCHT

Kehlerinnend
Blutbitter
Und
Tränensüss
Dämpft

Abtrocknend
Narbenverschleiernd
Und
Rotkrustend
Auf der Seele

Augenleere im Spiegel
Adernblei
Und
Fussblei
Hemmt den schnellen Schritt hinfort

Gefühlsflucht
Wunsch nach abtöten
Der Gefühlstrauer
Im aufbäumenden Herzen
Neben Seelenleiche

Doch Gefühle schauern den Rücken hinab
Undämpfbar
Unabtötbar
Unfliehbar

Ausgeliefert

NUR EIN VERSUCH

mohn-dämpfende
prozent-tötende
chemie-beruhigende
stahl-tröstende
sehnsucht

ein weg ins nichts

gestank von traurigkeit
umgibt den körper
bitteres süss der erinnerung
verfolgt
wie ein schatten auf der flucht

palisadenbau um die seele
rasch errichtet
umgeworfen allein
durch schweren blaudunstigen atem

schweinisches suhlen
und gehetztes
weglaufen
zugleich

unnütze versuche
hilflose versuche
enden im morbiden nichts
im klumpigen gefühlsschlamm

für seelen

ERLÖSUNG

Feuchte Fratzen küssen aus grünen Träumen
Die Nacht erlischt
Der Tag dreht sich ins Grau
Hoffnung verschimmelt in eingefallenen Augen

Die Seele dreckbeschmiert erstickt
Der Kopf gedankenzerschossen
Das Herz gefühlsertränkt in Tränen aus giftigem Blut
Gedanken kriechen im letzten Licht

Dem Himmel dank
Schwarze Engel speien
Ein Kuss verdorrter Lippen geht zurück
Ins klebrig-gallige Nichts

Der Sinn
Liegt im Verderben.

DER SINN

Zähflüssig irren Gefühle durchs Blut
Herzzerfleischend nährt sich die Seele
Frisst gierig spröde Hoffnung
Endend ersoffen im toten Strom der Wünsche.

Ertrinkend zappelt der Mensch
In der Brühe des Lebens
Fischelendig
Gewurmt zum Abschaum

Mit Dummheit geschlagen
Sinnglaubend Taumel im Dreck
Bis er in Fetzen zerfällt
Und Wahrheit zeigt

MENSCHHEIT

Dumpfes Pochen aus Klumpen von Fleisch
Erschlagend siechend gegen die Seele
Flatterig taumelnd gefangen im Menschen

Strang umschlingt Wirrwarr
Sehnt sich nach greifbaren Sinn
Mit abgehakten Händen zu fassen
Mit eingefallen vertrockneten Augen zu sehen

Zerhäckselte Portionen von Leben
Dem Menschen zum Fraße
Auf dass er besteht
Ohne zu sein

Sandkriechend in der Arena
Die Götter schauen und strafen
Frönen der Belustigung
Durch hilfloses Zappeln des Körpers
Mit Eitelkeit
im Antlitz der faserigen Leere

JUNIMOND

Mondweite
Mondferne
Mondträume

Eintauchen, Geister
Weg nach oben
Greifen danach

Taumel über den Weg
Durch die
Fremde

Schmaler wird der Pfad,
Mondlicht schillert in Tropfen,
im Gesicht.

Weck mich auf,
die Laufbahn so fern, das Licht so hell,
kein Netz.

Abgrund ist tief, doch fühlbar der Boden,
Weg treibt in die Höhe, ohne Boden.
Fall ins Bodenlose?

Luna, Sehnsucht,
Träume,
Traumtänzer.

Wie viele Träume dürfen platzen, ohne dass man sich verliert?
Ohne dass man endlich aufhört, zu greifen.
Mond, verlocke nicht.

AUS DEM GLEICHGEWICHT

Kann sich nicht beklagen,
es bleibt Wärme der Vergangenheit.

Wissen, was fehlt,
doch kein Zulassen.

Plötzliches Licht.

Licht kann wärmen,
Goldener Schimmer auf Haut, die sich wehrt.

Rückschritt.
Vertraute Schritte zurück.

Vertrautheit im Gefühl.
Vertrautheit in der Frage.

Lebensfrage.

Heimlichkeit? Heimliche Träume sind gesünder,
Taumel für den eignen Kopf.

Gleichgewicht?
Absturz, abstürzen -

Ausgerissene Flügel,
warum flattern?

Überleben ist garantiert.
Warum so hoch steigen

DRUCK

Kerker des Lebens
Selbstgewählt

Selbstgemauert
Selbstgemörtelt

Ein Schlitz
Durch den Leben zieht

Aufsaugen
Zugemauert und doch geöffnet

Jeder Schritt zurück in das Licht
Lässt Schatten kürzer werden

Jeder Schritt tötet Angst
Quäntchenweise

Ein Schritt vor, der Andere steht
Abwarten, sachte

Ein Schritt vor, der Andere steht
Abwarten, geduldig

Ein Schritt vor,
der Andere geht drauf zu

Schritt zurück
Erwarten macht Angst

EINHEITSGRAU - ODER DAS TOR ZUM LICHT?

grau in grau...
möchte nicht zum grau werden
möchte das grau
heller machen
mit meinem widerspenstigen
lachen - ätsch -
sogar auch dann
wenn mir vielleicht
zum weinen ist

DER BESTE WEG

Unwert, unfähig
Unglaubwürdig
Nicht-vertrauensvoll genug

Taten gänzlich falsch
Verhalten verschreckend
Tut nicht gut

Mensch,
geh hinfort,
solange es geht

ZUKUNFT

in deinen augen erkenne ich die angst

unentschlossenheit
erinnerungen
vertraute gefühle

will helfen
und habe die hände gebunden
die augen verschlossen
die stimme verloren

bin vergangenheit und gegenwart
und will
aber darf und werde nicht
zukunft sein für dich

denn schwarz ist nicht deine farbe...

NUR EINE FRAGE

Was würdest Du tun
wenn morgen der letzte Tag der Welt wäre?

Würdest Du
morden
lieben
kaufen
zerstören?

Was würde ich tun
wenn morgen der letzte Tag der Welt wäre?

Würde ich
weinen
lachen
zeugen
beten?

Ich würde träumen
mich erinnern
mich freuen –
einfach so leben
wie jeden Tag...

DU...

Nimm mich an die Hand
Zeige mir deine Welt

Was ich nicht kenne
Oder nicht verstehe

Führe mich
Und lass dir zeigen

Wohin ich mich flüchte
In manchen Tagen

REANIMATION GESCHEITERT

Es tut mir leid
Doch Atem
Der seit Jahren verharrt
Ist kein Atem mehr
Blut
Seit langem verkrustet
Kann nicht mehr fliessen
Esperanca
Ende ohne Beginn

ARMS WIDE OPEN

Regentaumeliges Glück aus dem Nichts
Stillstand der Zeit
Im freien Fall
das Gefühl aufgefangen zu werden
Mit kalten Gedanken
das Gefühl Sonne zu fühlen
Fröstelnd im Abgrund
das Gefühl der Wärme
Ungekanntes real - Areal
Leblosigkeit - Wiederbelebung
Und Herzklopfen mit Namen

FEHLINVESTITION

Ruhe selig
Ruhe den Toten

Wiederbelebung
Aufbäumen

Widerbelebung
Gegen zu grosse Mächte

Ein Körper nur
Greifen nach dem Leben darin

Hindurch
Leichenschau schmerzt den Lebenden

Leichen-Schändung
Durch die Leiche

Schutz des Lebens
Durch

Ruhe den Toten

DANK

Ungekanntes als Geschenk:
Die Lehre zu glauben,
zu vertrauen und zuzulassen.

Statt der Mauer die offene Tür -
und nichts, um danke zu sagen.

Nimm meine Hand,
kann dir nur meinen Atem geben,
die leuchtende Sonne und die Ewigkeit.

AD I.

Gitterstäbe
Verengen den Blick
Enger Horizont
Enges Gesichtsfeld

Vorüberziehen der Tage
Der Gedanken

Weit sind nur sie
Weit in der Ferne

Sie reisen hinfort
Innehabend jene Freiheit
Die im Herzen weilt
Und im Alltag stirbt

AD II.

Die Gier im Blick
Gedanken in der Ferne
Sehnsüchte und der Trieb

Getrieben
von der Sehnsucht
Die unerklärlich lodert

Europa brennt
Brennt schmerzhaft
Und jeden Tag ein Stückchen mehr

Europa löscht
Alltägliches Wasser
Im erfolglosen Kampf gegen die Glut

Europa stirbt
Ein langes Sterben
... und jeden Tag ein bisschen mehr

AD III. (Afrika)

Magnetismus
Physikalisch nicht erklärbar

Die Wiege schreit nach dem Menschen
Und doch ist er schon gross

AD IV.

Fleisch schwillt unter Eisen
Wundgerieben von den Schnüren
Festgezurrt im Leben
Was kein Leben birgt

Geschwüre blühen und verknospen sich
Der Gang ist schleppend
Das Gewicht ist schwer
Klirrend hinter sich - ein grosser Schatten

Bleierne Gedanken
fliegen in die Weite
Leichtfüssig, schnell und frei
Mit Schatten und doch ohne Eisen

Leben in Gefangenschaft
Der eigne Horizont als scharfer Wächter
Die Pflicht als strenger Richter
Der Alltag Guillotine glänzt so zauberhaft im Licht

NUR DORT?

Dort
Weil die Menschen dunkler sind?
Weil ihr Lachen heller ist...?
Weil das Leben lichter scheint?
Weil das Meer den Horizont zu küssen wagt?

Überall!

BIS HEUTE ABEND

Warten

Bis später
Bis nachher
Bis heute Abend

Immer

Warten
Unter dem Verlust der Maske
Die man abgelegt hat

Warten
Als gehäuteter Bettler
Bittsteller ob Zuwendung

Warten
Im Wissen dass Ewigkeit endlich ist
Und unendlich zugleich

Warten
Und im Angesichts des Fallbeils
Ungeduld

WORTE II

Worte
einmal ausgesprochen
sind sie uneinholbar
nicht mehr zu halten

Verletzen

Töten, schmeicheln
hetzen
schärfer als eine Klinge

Weicher als Seide
streicheln sie Dich
hüllen Dich ein
beschwichtigen

Abgedroschene Phrasen
tausendmal gesagt
niemals
so gemeint

Lügen
als Wahrheit getarnt
heucheln Dir Gefühle vor
und schleudern Dir die Wahrheit ins Gesicht

Legen Fallen
und bauen Schlösser im Himmel
Entfesseln Kriege und vereinen Völker
und sind doch nur Worte...

Hinter jedem Wort steht ein Mensch...

AUSGELERNT

Worthülsen
wie von Patronen

Erinnerungen
an Worte wie Sternschnuppen

Greifen danach
Erinnerungen wie Seifenblasen

Mal wieder zuviel geglaubt?
Mal wieder zuviel gehofft, geträumt?

Anders als - mal wieder?
Mal wieder alles falsch gemacht.

Mal?
Wieder?

Nie?
Nie wieder.

VERTRAUEN???

Schweigendes Vertrauen?
Zweifelndes Vertrauen?
Vorwurfsvolles Vertrauen?
Lauerndes Vertrauen?
Fragendes Vertrauen?

FREMDGEWORDEN

fremdgegangen
missbrauchtes vertrauen
vertrautes missbrauchen
das gefühl ohne den anderen leben zu müssen

WARTEN IM NICHTS

Leere
Warten
Und Angst davor

Angst vor dem Schweigen
Angst vor der Stille
Die einst so geliebt

Gedanken die ungekannt
Gefühle die unbekannt
Wünsche
Die totgeglaubt

Seelentaumel von toter Seele
Herzklopfen
Von stillgelegtem Organ

Unverdiente
Andere Welt
Zurück in das Gewohnte

Mitgenommen
als Gepäck
nur noch das Warten

Umsonst

LEBEWOHL

Um es Dir zu sagen, fehlt mir der Mut
Ich will es nicht
Doch wenn der Tag einmal kommen wird
Und Du es mir zeigst
Werde ich stehen bleiben
Wenn Du weitergehst
Und erwarte Deine Worte
Denn so schön wie Du
Hat mir noch niemand
Lebewohl gesagt...

OKTOBERGEFÜHLE

Das gleiche Gefühl
Nach Worten der Wärme
Nach Wochen der Nähe
Ein plötzliches Spulen
Ein Auftauchen der Vergangenheit

Die gleichen Fragen
Vergessen fast
Verdrängt schon
Ein plötzliches Mürben
Ein Leben der Vergangenheit

Die gleichen Augenblicke
Gegenwärtig
Vergangen
Ein plötzliches wie-früher
Im Leben der Gegenwart

Schürt Oktobergefühl...

DEFINITION DES ZEHNTEN MONATS

Unruhige Gefühle
Wissen um Geheimes
Durch Gefühl
Paniknächte
Nächtelange Panik
Beruhigende Worte
Wissen um die Lüge
Die verbirgt
Klirrende Entwirrung
Outing auf brutal
Unruhiges Herz
Wissen um die Krankheit
Durch Gefühl
Schmerzende Krankheit
Ohne Zurück

WUNSCH

Will vertrauen
Verdränge den Schmerz
Die Lüge
Die Angst
und die Unsicherheit

Will glauben
Doch Taten strafen Worte
Stehe, warte
auf Sätze
die ich nicht sprechen kann

Will geniessen
Sehe Schritte nach vorn
Die Hand
wird gereicht
und Vertrauen erwacht

Will vergessen
Schwelge im Moment
der Gefühle
Doch steter Wechsel
Macht Vertrauen manchmal schwer

ZUSTÄNDE

Fluchtschritte

Angstwarterei

Unruhiges Leben

Wissen um den Stillstand

In sich selbst

UNERWÜNSCHTE KÖCHELEI

Gedanken kochen hoch
Erinnerungen an vergangne Tage
Vergangne Ängste
Und vergangne Lügen

Gefühle kochen hoch
Authentisch frisch, lebendig
Vergangne Wehen
Und vergangne Ungewissheit

Fragen kochen hoch
Die noch auf Antwort warten
Verdrängte Probleme
Ob vergangner Lügen

Wünsche kochen hoch
Das Feuer zu erschlagen
Und zu löschen
Möchte nicht mehr kochen

GEWISSENSFRAGE

Der Finger schmerzt noch
Der die Scherben flickte
Das Herz noch wund

Ein Schritt nach vorn
Macht Kleber haftend
Verdrängung - Glauben - Wissen?

Ein Schritt zurück
Die Fugen dehnen sich
Es klirrt

Denkfehler?

NACHSICHT

Vertrauensscherben
Zusammengekehrt
Zusammengesucht
Mühsam geklebt

Splitterfinger
Herzsplitter

Vertrauensvase
Porzellanig zart
Hübsch anzusehen
Nur vorsichtig berühren

UNFÄHIGKEIT

Stechende Fragen ins Herz.
Zu viele Fragen.

Kann Gefühl wohl nicht zeigen,
nicht glauben machen,
vielleicht nicht erlauben,
es zu sehen?

Kann Geborgenheit wohl nicht schenken,
nicht geben.
Kann Träume wohl nicht teilen.
Gemeinsame Träume? Nebeneinander.

Falschdenken:
Gefühlslesbarkeit
Glaubwürdigkeit
Glücksgeschenkfähigkeit?

Unfähig!

SIRENEN

Rote Lichter
Verwandeln Strassen in bunte Bänder
Wie ferne Donner
Rollen Untergrundbahnen durch ihre Adern
Leere Fenster ihre Augen
Schwarz wie Obsidian
Verfolgen uns in der Dunkelheit
Schilder grinsen
Locken in das Inferno
Künstlicher Sonnen
Grelle Münder zerren uns
In ihre Bannmeile
Falsche Träume lassen uns nicht schlafen
Und ihre Erfüllung bereitet Schmerzen
Ziellos taumeln wir
Wie Motten an der Kerze
Wir sind Gestrandete der Neuen Zeit
Irren durch ihre Werke
Verlieren uns in ihren Armen
Warten auf die neue Flut
Die uns hinwegspült
Sind gefangen in einem Monster voller Energie
Wir sind Opfer der Gezeiten
In einer Stadt, die nie schläft

TOT IST NICHT GLEICH TOT

Blut fliesst noch
Sanftes Pulsieren
In Bleiche
Knochenstabil
Totfühlen
Seelentot
Ein Mensch
Wiederbelebung
Gefühl
Totengefühl zu Lebenslust
Zuviel Leben?
Zurückfallen in die Starre
Bleicher, leerer, toter...

EINE ANTWORT!

Stäbe ziehn vorbei wie Jahre
Werfen kratertiefe Falten auf
Die keiner sieht
Farbenprächtig hinter Gittern
Blüht das Leben
Sehnsucht schläft
Die eine Frage:
Will man es - das Leben?
Das Leben
Ganz und gar so wie es ist?
Sehnsucht erwacht
Erweckt
Die klare Antwort: Nein!

ISABEL

Warte auf ein Zeichen von Dir
Die letzten Worte
So warm
So herzlich
Dann Schweigen
Dein Tod ist mehr Schweigen noch
Nie wieder ein Wort
Oder doch?
Du wolltest ins Jenseits
Du bist bei ihm
Ist es nicht das, was Du immer wünschtest?
Und doch
Bitte
Ein Wort nur...

GEDANKEN

Wenn Du mich nicht vermisst...
Ist dies ein Zeichen von Nicht-Liebe?
Von Gefühls-Übersättigung?
Von fehlendem Abstand?
Soll ich Distanz halten, damit Du mich vermissen kannst?
Wenn ich das tue, suchst Du den Kontakt.
Wie soll ich Dich mich vermissen lassen?

NORD-SÜD-FAHRT

Du sagst, manchmal geniesst Du sie

Die Distanz der Kilometer

Geniesst den Abstand

Und dennoch

Bittest Du mich zu Dir.

Wäre ich in Deiner Nähe, was dann?

LOGISCH?

Du sagst, du liebst mich,
Aber würdest es nicht sagen,
Weil du es nicht so leben kannst,
Wie dein eigentlicher Anspruch an die Liebe sei.

Für mich bedeutet diese Aussage:
Du zweifelst grundsätzlich an der Liebe,
denn wäre sie ganz da, könntest du sie leben
Oder könntest von ihr sprechen,
Denn partiell lebst du sie ja sogar...

FREIHEIT

Lebe nicht für mich
Sondern für andere
Sinn ist zu geben
Doch wenn das scheitert?
Wenn ich Unglück bin
Statt Glück?
Wenn ich für andere nicht leben darf -
Darf ich dann nicht
Wenigstens
Für mich gehen?

REISE-ZIEL

Hell dort
warm und sonnig
Leichte Gedanken
der Körper hemmt wenig
Die Natur ist stärker
Freiheit grösser
Himmel, Meer und Horizont
umarmen sich
Die Ruhe übermannt
Alles ist gut

ZIELSETZUNG

Mein Ziel war dein Glück, deine Liebe
Ein Leben mit dir

Mein Sinn war Vertrauen, Ehrlichkeit
Gemeinsam und wahrhaftig

Es war nur mein Ziel
Allein meines

Warum darf ich jetzt nicht ziellos und sinnlos sein?

FUNKTIONSSTÖRUNG?

Für dich, für das Kind
Für dein Gewissen und die Pflichten
Für den Job, die Gesellschaft
Für deine Gewissheit und die Erwartungen

Für die Steuer, den Staat
Für deine Sorglosigkeit und Überzeugung
Und wenn ich nicht funktionieren will
Bin ich gestörter Egoist?

Ist es nicht mein Leben?
Nicht mein Eigentum, mein Besitz, mir gegeben?
Ist es nicht mein Sinn?
Mein Treiben nach Erfüllung meines Sinnes?

Mein Haus darf ich verschenken,
mein Auto verkaufen,
mein Geld ausgeben,
meine Pflichten erfüllen.

Meine Liebe aber ist nicht gewollt
und mein Wunsch bekommt den Stempel Egoismus
Aber
Ist es nicht mein Leben?

HEIMAT

Geteilt
Zweifach
Zweieinhalb

Heimat
Wo Menschen sind
Die man liebt

Augenblicklich
Viel zu viel Heimat

FORT-SCHRITT (Köln - Hochheim)

jedesmal ein bisschen mehr
immer mehr da
immer weniger dort
jedesmal bricht das herz
ein stück weit mehr

HOMELESS

Eben noch Häuschen mit Garten
Ach das könnte schön sein...
Häuschen ist leer
Garten macht Tränen
Nicht mehr hier
Noch nicht dort
Zuhause liegt im Nirgendwo

JUNG IM ALTER

Beraubt der Mutter
Und des Mutterseins
Alt und jung zugleich
Neubeginn
Erste Schritte wie ein Baby
Altlasten
Lassen Herz morsch zerbrechen
Rückblick verboten
Vergangenheit tut weh
Mensch mit zuviel
und ohne Geschichte
Falten lernen laufen?

SEHNSUCHT

Kilometer die trennen und verbinden
Sprachlosigkeit mit redseligem Fühlen
Weite die Nähe gibt
Qual und Gewissheit schenkt

MEINEM SOHN

So nah und unwirklich weit
Im Herzen und kein Alltag mehr
Angst in der Fremde
Und vor Entfremdung
Nicht mein und doch mein
Immer?

HISTORIE

es beginnt zu schneien.
schnee. schnee auf der autobahn.
morgen gen heimat.
heimat? es wird weh tun.
morgen gehört mein haus nicht mehr mir,
meine wohnung ist nicht mehr meine.
sechs jahre meines lebens sterben
mit einer unterschrift.
kein schönes gefühl,
wenn ein mensch mit vergangenheit
zunehmend zur Gegenwart wird
und seine geschichte keine mehr ist,
weil sie abgeschlossen ist,
abgeschlossen werden muss.
geschichte ist tot,
wenn sie nicht mehr gedacht werden darf.

ENTRISSEN

Gehäutet aus dem Ich
Ausgehöhlt
Seele muss abgestreift werden
Funktionalität zählt
Rational denken - Gefühle verboten

GEDICHTE SEIT 2004

MARIONETTENSPIEL

Gab Seile in die Hand und Holz
Agierte ohne Chaos
Widerstand
Und Lächeln

Lachen auf Kommando
Gar ins Gesicht der Feinde
Loyalität für sie von dir
Nur nie für deine Puppe

ENTMÜNDIGUNG

Entmündigt
Für nicht zurechnungsfähig erklärt

Letzte Freiheit,
Einstellungen und Gedanken
Sind zurückzukaufen

Meine Meinung zählt nicht,
Ich kann sie nicht bezahlen.

Es zählt nicht,
Was ich allein geschafft
Oder in den Sand gesetzt habe, im Leben.

Es zählt nicht,
Was ich ohne fremde Hilfe
Versaute oder erschuf.

Mensch
Verglichen und an Positionen berechnet.

Soll nicht erfüllt.
So ist da kein Haben auf Seiten
Der Handlungs-, der Denkensfreiheit.

ARMS WIDE OPEN II

arme weit geöffnet

hin und wieder

nach bedarf

arme weit geöffnet
richtungsweisend
schiebend

arme weit geöffnet
wenn das stossen taumelnd macht
nicht im eignen freien fall

SODADE

Möchte die Zeit zurückdrehen
Zu dem Punkt, den ich verlor
Den wir verloren
Rosaroter Taumel
Irreal
Oder zerdacht

Fern
Inmitten der Nähe
Kälte
Inmitten der Wärme
Fragen
Im Taumel der ungefragten Antworten

Leere in mir
Blicke suchen nach Strahlen in Augen
Nach wahrem Lächeln
Wahrem Fühlen
Ohne Worte

Stattdessen
Wortreiches Fühlen
Ohne Gefühl?

GEH-ZEITEN

Leere
Leere Worte
Leere Hoffnungen
Leere im Gefühl
Wechsel
Der Zeiten
Gezeiten
Geh-Zeiten...
Gestern noch Fülle
In Wort
Hoffnung
Gefühl
Ehrliche Worte verschwiegen
Gedanken unausgesprochen
Zu viele Fragen
Zu viel misstraut

Unverständnis
Ob der Gezeiten
Woher der Wechsel
So plötzlich kommt

Geschlossene Augen
Haben wohl verborgen
Was zu sehen war
Und doch nicht erkennbar

Im rosaroten Taumel

ÜBERZEUGUNG

Es ist nicht vorbei, danach
Nur besser, ruhiger, klarer
Es ist kein Ende, danach
Nur ein Neubeginn ohne Ballast
Ich bin nicht weg, danach
Nur woanders, unsichtbarer
Und ohne Muss

MONDNACHT

Wasser spielt Spiegel für den Himmel
Wärme, Stille, Ruhe mit sich
Und die Gewissheit, endlich zu tun, was der eigene Weg ist

Wasser schmiegt sich an den Körper
Ist Sog, Umarmung, Hoffnung zugleich
Und das Wissen, endlich zu finden, was Wunsch war

Mond lächelt goldrot in Schwarz
Lächelt mit mir und lacht mich aus
Als ich wieder nicht darf, was ich möchte

SINNLOS BEHAFTET

Kein Vor, kein Zurück
Stumpfsinniges Traben
In die vorgeschriebene Richtung
Ins Nichts
Verordnet
Leben

WOZU

Wenn ich doch nicht will
Keinen Sinn sehe
Ziele unerreichbar sind
Träume versiegen
Wenn es ohne mich doch besser ist
Für mich
Für die anderen
Nur wegen der vermeintlichen Pflicht?

VERACHTUNG

Für die Folgen meiner Zuneigung
Das Ergebnis meiner Liebe
Mich selbst

BRIEF AN EINEN SOHN

nie allein lassen,
hast du gesagt und es wurde versprochen
nie allein lassen,
es wurde genickt und es wurde versprochen

kind,
allein - ist die relation dessen, was man sieht
nie allein - ist das fühlen des unsichtbaren:
liebe ist unendlich

gebrochen und gehalten
als mensch und als versprechen

BLINDE FLUCHT

flucht in die eigene vergangenheit
mutters schoss macht vergessen
was realität an wahrheit birgt
nur zurück
als ob damit alles ungeschehen wäre
als sei es nur ein böser traum
warum wachst du nicht wirklich auf?
die vergangenheit ist nur ein pflaster
mitten aufs herz - um gefühle und wahrheit zu ersticken

CHILDREN DON'T STOP DANCING

Höre nicht auf, mein Kind
Zu tanzen, zu lachen, zu leben
Du hast Deinen Glauben verloren,
Deine Sicherheit
Dein Vertrauen, Liebe und Kindlichkeit
Höre nicht auf, mein Kind
Zu tanzen, zu lachen, zu leben
Du kannst fliegen, weiter, als Du denkst
Don't stop dancing - believe you can fly
I will show you
Away, away - with me

EPISODEN

Kleine Geschichten im Leben
Die abgestreift werden
Und doch Leben schreiben
Leben waren

Menschen werden
Kampflos aufgegeben
Abgestreift und vergessen
Und zu Episoden

KOMM HER

Meine Arme sind weit geöffnet
Meine Welt will ich dir zeigen
Dein Leben erfahren
Mein Leben mit dir teilen
Geh weg
Meine Arme sind nicht stark genug
Meine Welt ist zu klein
Für dein Leben
Mein Leben gehört mir allein

ZU VIEL

Du bist zu viel
Zu viel Mensch
Zu viel Persönlichkeit
Zu nah bist du
Brauchst zu viel Raum

Deine Liebe frisst
Deine Nähe erdrückt
Nimmst den Atem
Bist nicht so
Wie ich es will

Bist ausrangiert

ADIEU

Ich gehe dahin
Woher ich kam
Mit mehr Narben
Und ohne Hoffnung
Die lass ich Dir
Für Deine Zukunft

LEICHTIGKEIT DES SEINS

So leicht zu sagen komm
Zu sagen geh
Zu leicht zu sagen
Ich will mein Leben

Wo du eben noch meines wolltest
Meines warst
Meines bekamst
Und es Dir zu schwer wurde

WARUM?

Ich mache kaputt
Sagte ich einst.
Du wolltest mir zeigen
Besser von mir zu denken.
Heute sprichst Du
Meine Worte von damals.
Hatte ich recht
Oder willst du (noch mehr) zerstören?

ZUKUNFT I

Du bist nicht Teil meiner Zukunft
Sagst du
Verletzt du
Und hast recht
Du bist nicht Teil meiner Zukunft
Ich habe keine

AUSRANGIERT

Nie gekämpft
Hoffnung einfach aufgegeben
Liebe versagt
Weggeworfen

MASCARADE

Gehe für ihn
Gehe für dich
Hoffe für ihn
Hoffe für dich
Plane für ihn
Lache für dich
Glaube?
Funktioniere!

ABSCHIED I

Verlassen hast Du mich,
doch Du wirst bei mir sein.

Ich gehe,
doch lasse vieles hier.

Ich gehe nicht gern
doch ich weiss, dass ich muss.

Nicht nur für Dich,
auch für mich.

Doch etwas für mich zu tun, fällt mir schwer.
So ist es leichter für mich, für Dich zu gehen,

GESCHENKE

Du hast mir mal gesagt - auch zuletzt -
Geschenke nehme man nicht zurück.
Ich hab dir mal mein Herz geschenkt.
Gesagt, du könnest damit machen, was du willst.
Es wird bei dir bleiben.
Geschenkt ist geschenkt.

MACH ET JOOT

Abschied unbestimmt
Bestimmt
Mit durchdröhntem Wind
Wie baumbraune Blätter

Abschied
Heisst süssfieberndes Fernweh
Nach hauchblauem Horizont
Salz und trunkenem Meer

Schnüre das unsägliche Bündel
Des Reisenden
Wie jener
Der nicht nur ein Zuhause hat

Packe meine Träume
Vermeintliche Zuversicht und Hoffnung ein
Tue so
Wie jener, der daran glaubt

Die andere Hälfte bleibt hier
Bei dir mein Freund
Ein Dank, ein zerblühter Kuss
Ein letzter Gruss

Tränenlos
Weitergehen
Abschied ist kein Tod
Und immer relativ
Die Flügel gestutzt
In ranziger Kälte keine Zukunft
Das Herz ist Blei, kein Salz, kein Meer
Und die Maske des Vagabunden

Flieg ein Stück mit
Auf meinem verlorenen Weg,
Deine Flügel leben noch
Aber dann lass mich los

Lebewohl
Irgendwas von mir bleibt hier
Irgendwas von dir geht mit
Nie verlässt man sich ganz

Und doch
Werde ich nicht bei dir sein
Wenn der Wind von Süden weht
Auf der Suche nach dem Horizont

NACHHALL
In einem leeren Raum

Ich gehe und du begreifst nicht
Willst und willst nicht
Erscheinst und tust es nicht
Vergisst dass ausser dir
Noch ich bin

Ich gehe und du begreifst nicht
Will nicht mehr will nicht
Erscheine aber tue nichts
Vergesse nicht
das einstige Uns

LEBENSVERSICHERUNG

Zweifache Verantwortung
Verhindert Flucht?

FARCE

Dein Abschied ist keiner
Inkonsequent wie dein Sein
Willst nicht und tust
Willst Abstand, suchst Nähe
Willst ein Ende
Und schenkst Hoffnung
Auf Zukunft

PETIT MORT

Eine Frau
Etwas für eine Nacht
Wenn es schön war
Weitere

Hingegeben
Genommen
Taumel oder Straucheln
Unter Schmerzen

Im Bett
Kann man nicht nur
Angenehme
Tode sterben

BLINDHEIT?

Siehst Klingel und Nummer
Jederzeit greifbar
Nach Bedarf
Vergisst Herz und Seele
Längst hinfort
Siehst du es nicht
Oder schweigst du nur?

SCHULDSPRUCH

Mit ihm hat alles begonnen
Dein Untergang
Dein Scheitern
Wie einfach
Dabei
Meinen freien Willen
Zu vergessen

LEERE GASSEN

Strassen der zerbrochenen Träume
Die ich wandle
Schatten begleiten mich
Allein

ISO NULLACHTFUFFZEHN

Zu wild für dich
Und provokativ
Unangepasst und ungesiebt durchs Raster

Unberechnet
Unberechenbar
Dem Maß nicht entsprechend
Nach Din-Norm
Und Aufklärung
Der Leerwerkstätten

NEBELMOND

Die letzten Strahlen des Sommers
Eine Reise in das Licht
Durch Nebelwälder
Die schmerzen, Aufruhr bringen und Leiden

Der Gesang des Raben
In den schönsten Tönen
Ende und Beginn
Erklingt über Streitwagen und letzten Schmetterlingen

Möchte beschützen und behüten
Werde beschützt und gewärmt
Durch ungekannte Schwingen der Nacht
Wenn Träume Äste tragen

SELBSTBEDIENUNG

Kein Stück,
was man nehmen kann, wenn man es will
Kein Ohr
welches zuhört, wenn Worte überfluten
Kein Freund
der ungewünscht ist, wenn man ihn nicht braucht
Kein Abschied
der nur Farce ist und Nähe birgt

VERSPÄTET

War es dein
Oder mein Abschied
Es war der meine
Nur dass du es nicht verstanden hast

Der deine
War durch Worte behaftet
Ein Jahr zuvor
Ohne Taten

ERINNERUNGEN

Erinnerungen
Verblassen
Qualvoll
Und lebendig
Doch zugleich
Lindern sie
Jeden Schmerz

VERMISST

Sehnsucht
Nach Deinen Augen
Deiner Stimme
Deiner Wärme
Deinen Händen
Deinen verrückten Gedanken
Deinen Ängsten
Deinen Unsicherheiten
Deinem Dasein
Deinem Du

SELBSTKASTEIUNG?

Abschied
Ein letzter Gruss
Ein letzter Kuss
Der letzte Schmerz
Ringt mit der letzten Umarmung
Und würde zugleich alles geben
Für eine weitere
Für einen nächsten letzten Kuss
Und eine Nacht noch

HANNAH

Kleines Mädchen mit grossem Wissen
Ganz plötzlich in meinem Leben
Nimmt an die Hand
Zeigt Wege auf und lichtet Blicke
Auf Erinnerungen an Unbekanntes

PANZER

Spüre Deinen Panzer
Will ihn nicht aufbrechen, nicht pflegen
Möchte behutsam sein und fürchte daran zu scheitern

Spüre die eigene Mauer
Zerbrechend und nicht zu verhindern
Möchte weglaufen und wünsche zu bleiben

ILLUSION?

So schwer zu greifen und zu begreifen
Ungewohnte Gefühle und Angst
Atlantis - vertraute Augen
Ohne nur einmal darin versunken zu sein
Greife ich ins Leere?

ES TUT MIR LEID

Gestern noch gehörte ich Dir
Hätte Dir die Ewigkeit geschenkt
Erkannte Gewissheit und zeigte Geduld
Unsichtbares Wissen
Um einen unbekannten Zeitpunkt

Heute zeigtest Du mir einen Weg
Schenktest mir die Vergangenheit
Er brachte Gewissheit, verlieh mir Geduld
Spürbares Wissen
Um einen baldigen Abschied

Morgen werde ich Dein sein
Und schenke Dir Deine Zukunft
Als Freund nur, als ewiger Freund
Tiefes Wissen
Um einen verlorenen Zeitpunkt

MUT

Warum nicht Deutschland
Warum nicht irgendwelche Orte
Heimat ist in der Vergangenheit
Gegenwärtig nur in der Ferne

Warum bleiben,
Wo man fremd ist
Wenn man überall fremd ist
Fremd bleibt

Die Fremde ist Heimat
Egal wo sie ist
Alte Welt

VERBOTEN?

Ich lasse zu und verliere mich
In Worten und Gedanken

Verliere mich
Nicht wieder?

PHOENIX

Totgefühlt
Totgeliebt
Totgelebt
Totgeglaubt

Wieder da, irgendwie
Ohne Worte
Gefühl - Bedürfnis
Einfach da
Zunächst als Hülle
Lebendige Hülle
Doch Natur kommt
Mit der Natur der Atem

VOGEL DER NACHT

Du kamst aus der Tiefe
Unerwartet
Weiche Rabenkrallen
Wo bist Du?
Die Äste bleiben leer
Und nur manchmal höre ich noch Deinen Ruf
Aus der Schwärze der Nacht
Der Leichtigkeit entrückt

KÖNIG DER WORTE

Einlullend
Einschläfernd
Erweckend
Ängstlich
Hinfort
Und gegenwärtig

LEBEN II

Das Leben
Wie es ist
Möchte ich das Leben so
Wie es ist
Oder nicht lieber so
Wie es sein sollte
In meinen Augen

ZAHNRÄDER

Menschen
Finden
Einander
Zueinander
Zufall
Zu-fall
Zahnrad

GRATWANDERUNG

Ein Ruf aus der Stille
Unbekannt
Deutlich verhallend
Echo in der Seele

Klare Wege
Tiefes Fühlen und Begreifen
Innehalten und Scheu

Der Ruf wird gellend
Die Dunkelheit ruft wie das Licht
Kreuzungen und Pfade
Alles verändert

Ein Ruf wird zu zweien
Vermächtnis
Und Verhängnis

RAUHNACHT

Von Schwingen warm bedeckt
Krallen sanft berührt
Entfacht
Ein Sog

SCHATTENSPRÜNGE

Angst und Schatten
Dunkelheit
Schattensprung unmöglich
Dagaz und der Baum
Taghell die Nacht
Und Schatten werden kleiner
Die Tür ist offen
Eintreten musst du selbst
Schattensprung

UNSER LEBEN

Das Leben als Übel
So wie es ist
Doch wäre es anders
Wäre es unser Leben?

VOLLMOND

Blicke magnetisch angezogen
Luna ruft und klärt
Sternenklar
Samtrabenschwarz
Hauchblauer Glanz
Von Ufern der Nacht
Spiegelklar
In Augen und der Seele
Milchweiss leuchtender Hof
Um kluges Hellrund
Allwissend
Immer da
Gefühle
Aus dem Meer des Vergessens
Dem Nebel des Vergangenen
Aufsteigend
Emporsteigend
Vernebelte Sinne?

MORPHIUM

Schmerz der Gegenwart
Nicht zu begründen
Ob eines Phantoms

Morphium der Vergangenheit
Bietet sich an
Greifbar körperlich

Bin nicht auf Droge

FORTSCHRITT

Fortschritt ungeplant
Erwachen aus dem Nichts und aus der Frage
Licht durch dunkle Schwingen

Fort-Schritt ungeplant
Erwachen, Nichts und Fragen
Hinfort gleiten auf eignen Schwingen

Fort-Schritt umgeplant
Erwachen, nichts als Fragen
Doch eigne Schwingen tragen

RABENBAUM

Die raue Rinde schrieb das Leben
Den Blick zum Horizont gewandt

Blick in die Tiefe
In die Weite

Schwingen der Flucht
Und des Verweilens

Die tiefen Wurzeln - Weisheit ob des Lebens
Vergangenheit und Zukunft

Ein Halt der Stärke
Einhalt der Schwäche

Trauer, hilflos
Ungewiss und aufgefangen

Die Weisheit alter Tage
Gewissheiten der neuen Zeit

Starke baumbraune Äste
Warnung, Schutz und Wärme

Das Ohr, das Auge
Ein Seelenbaum des Raben

SELBSTLIEBE
(Auch der Blick in den Spiegel)

Wünsche ich dir
Nicht, Egoist zu sein
Sondern nur den Glauben an dich selbst

Das Begreifen
Deines eignen Wertes

Das Erfassen
Deiner eignen Kraft

Das Verstehen
Dass Nähe keinen Abgrund birgt

Die Zuversicht
Die du anderen gibst
Für dich selbst und deine Träume

HUNDEFÜHRER

Der Meute voran
Das Rudel bestimmend
Domestiziertes Sein

Die Meute heult im Gleichschritt
Das Rudel geführt
Vom Führerhund

VORURTEILE

Das schlechte Gewissen verordnet
Dem Demagogen verlogen geglaubt
Der eignen Vorfahren spröde beraubt
Germanenlande verleugnet

Gelernt haben wir nichts

Nicht aufzustehen
Nicht uns zu erheben
Nicht einzugestehen
Nach Neuem zu streben

Zukunft gehemmt durch Vergangenheit
Midgard war nie mit Rechts zu vergleichen
Listig waren nicht die Runenzeichen
Die gab es lange vor seiner Zeit

SOWAS WIE EIN LIEBESGEDICHT

Manchmal
Wenn Du als Freund vor mir sitzt
Merke ich
Dass Freundschaft relativ ist
Möchte
Deine Hände erfassen
Und Dich
Die Zeit zurückdrehen
Und Dich
Und mich und uns
Und überlege
Ob nicht doch mehr von dem geblieben ist
Was einst war
Mehr als nur Freundschaft

DEUTSCHLAND
- ohne Nationalstolz

Einst Land der Dichter und Denker
In der 30ern
Der eignen Geschichte beraubt

Die Kirche raubte den Glauben und sackte ihn ein
Herr List listig die Buchenstäbe
Und Herr Hitler die Historie

Die UN verordnete neue Moral
Pisa bestätigt Desillusion
Regierungslos taumelnd in den Gezeiten

Ahnen-los
Ahnungslos
Und wieder Untertan

Ganz plötzlich dem Gewissen
Und doch gewissenlos dem Untergang entgegen
Der Boden blieb fruchtbar aus dem es kroch

VOYEURISMUS

Tatenlose Falthände
Verwerfen Vergangenheitsschweigen

Angeklagtes Überleben
Von todesschwangeren Zeiten

Durch tatenlos richtende Gegenwartsschweigende
Die abgrundschwangere Zeiten schüren

KREISLAUF

Deine Angst macht Angst
Und manchmal frage ich mich
Wozu
Zulassen
um danach in Schweigen zu ertrinken
Loslassen
um wieder eingefangen zu werden
Von Worten
Eines Phantoms
Welches Schatten wirft
Die immer länger werden
Und vom Licht spricht
Doch sein Feuer nicht entfachen lässt

UNVERSTÄNDNIS

Suchst Nähe
Suchst Weite
Im Wechseltakt
Wochenrhythmus
Nach Stundenplan
Wenn du mal eine Lücke hast
In deinen Plänen
Denke an mich
Und daran, dass ich nicht planmässig bin
Sondern Mensch

WYRD

Mensch
Ein Netz aus Wurzeln
Gewebt aus Vergangenheit
Gegenwart und Zukunft
Teil seines Schicksals
Dessen Beute
Dessen Fluch
Und dessen Sein
The Web of Wyrd

LIEBESGEDICHT DER ANDEREN ART

Mein Wächter
Manchmal ich der deine
Brauchen tust du keinen

Ruhe mich aus in deinem Schatten
Vernehme deine Weisheit
Die unendliche Kraft
Und das Wissen um die Jahre
Die dich zeichnen

Raue Rinde umarmt sanft
Schenkt Wärme und Ruhe
Wind streichelt und
Vom Wipfel scheint Dagaz
Tönt die Stimme des Raben

Die Wurzeln in der Tiefe
Voller Kraft und Leben
Trinkst du Tränen und Met
Das Geäst ruft und warnt
Im Kreislauf der Natur

Mein Gesicht an deinem
Rauer Stamm pulsiert
Stumm für Ohren
Die nicht hören wollen
Und dein Leben nicht erkennen

Ein Geschenk dich zu vernehmen
Deinem Herzschlag zu lauschen
Und zu wissen es wird gut

STRASSENBILDER

Strassenzüge
Eisgraue Blicke
Abschätzend

Die Leute wollen kein Lachen
Keine singenden Menschen
Auf der Strasse

Kein lautes Lachen
In Geschäften
Restaurants

Nicht einmal ein Guten Tag
Auf dem Gehweg
Geh-weg?

Gewohnheit
Negative Blicke
Aus bleichen Gesichtern
Mundwinkel mit Blei

Das kennen sie
Vom Spiegelbild

WORPSWEDE

Wurzeln der Kindheit
Alte Heimat
Vergessen und verleugnet
Rufen aus der grünen Ebene
Der salzigen Luft
Und der Einsamkeit

Hätt ich Flügel
Würd ich streben
Mit meinen Schwingen
Gen Nord
Und bleiben
Neue Wurzeln schlagen

Hinfort von der Heimat
Die nie Heimat war
Sondern nichts
Als ein Ruf
Eines Liebenden
Der seine Liebe vergass?

WAS IST LIEBE?

Eintöniges Schnarchen in der Nacht
Geschlossene Augen unter wüstem Schopf
Kalte Füsse unter der Decke
Das ungeputzte Lächeln am Morgen
Schlaf in halbgeöffneten Augen
Und ein brummendes Hallo
Socken in der Badewanne
Das knatschige Antworten am späten Abend
Einsilbigkeit auf Fragenkataloge
Der Kuss durch den Telefonhörer
Das wachsende Bett in der einsamen Nacht
Und manchmal auch
Diese elendige Zahnpasta-Tube

RÜCKBLICK

Zeit einzupacken
Das Leben war schwer
Man hat es ertragen
Innen grauschwarzgrau
Fragwürdig
Die Maske der Ironie
Der Höflichkeit
Verbirgt
Zerrissenheit und
Letzte Bestände
Von Leben und Glück
Und doch
Würde man
- im Wesentlichen -
Nichts anders machen

MENSCHENLIEBE

Menschenliebe heisst Wahrheitslüge
Wirklichkeitshass und
Realitätsferne

Unwirklichkeitswahrheit
Vielleicht Erkennungsliebe
Und Wirklichkeitsferne?

ZEILEN

Die nichts verändern
Und sterben
Mit einem selbst

Keine grossen Worte

Die vor abgründigen Schluchten schützen
Aber vielleicht
Vor dem ein oder anderen Loch

GESELLSCHAFT

Vom Leben zerrissen in Sorge um sich selbst
In Sorge um ungefragte Fragen
Und ungelebtes Leben
Schwarzdunkelbebrillt gegen die Sicht ihres Weges
Und ihres Abgrundes
Mit der gekauften Hoffnung auf ein Morgen
Ohne das Heute und das Gestern zu erfassen

NEBELMENSCH

Schreibst vom Nebelmond
Lebst den Nebelmond
Um dich ist Nebel
Unantastbar
Zugleich greifbar
Geheimnisvoll
Und offen
Schweigend vernebelnd
Gefühlvoll vernebelnd
Mal mit und mal ohne Gefühl
Unklar und eindeutig neblig
In Worten und Taten

WÄHREND DU SCHLÄFST

Nägelkauende Tränengedanken an dich
Bist Vergangenheit und Gegenwart
Darfst letzteres nicht sein
Bist gegenwärtiger als in der Vergangenheit
Und vergangen als Gegenwart

ALLTAG

Das weltliche Paket
Schreit nach Schnürung
Das ewigverlangende Muss

Arbeit und Haushalt
Familie und Anrufe
Müll und Einkauf
Der wachsende Stapel Post
Und natürlich der Hund
Müsste... und das noch...

Doch muss ich Pflicht
Und nicht Wunsch
Immerzu?

DER TUNNEL

Greisige Hände beben gen verhangnem Himmel
Verlangend durchgedröhntes Blut
Geflüchtet aus der Knechterhöhle
An dessen Ende funkelnd in der Nacht
Licht ringt nach frischer Atemluft

Und trunkne halbherzige Flucht
Hoffnungsgegürtet über Narbensteine
Sichelsehnend südenfindend
Fiebernd der kühle letzte Duft
Des Grau

SEHNSUCHT?

Sehnsucht nach Dir
Und nach Abstand von Dir

Freue mich auf Dich
Und darüber
Nichts von Dir zu hören

Und am meisten
Aufs Wiedersehen

DU DA
Zaghaftes Liebesgedicht mit Restwut

Du bist du
Du wie du bist
Manchmal
Nicht bist
Warst
Niemals warst
Aber sein wirst
Und vor allem
Ganz Du
Wärest du
Nicht du
Und nicht wie du bist
Manchmal
Nicht bist
Sondern
Warst
Wäre es nicht schöner
Aber einfach

TRENNUNGSGEDANKEN

Selbstvorwürfe
Noch immer die Frage
Nach dem Warum

Lästiger Fragenschwanz
Peitscht stetig
Und braucht die Schere

WINTER

Sonnenspiegel pflastern Wiese
Bäche ohne Fugen
Nasen und Gesichter
Leuchtender Himmel findet sich am Boden
Strahlt von oben und von unten
Glitzert aus Bäumen
Wer sagt, dass Wintertage
Trübe sind?

SCHATTENSPRUNG

Hungrige Schatten
Im Schattenleben
Verfolgen gefrässig
Verlangend nach Menschenfrass
Ohne Mut
Zum Schattensprung
Gerät man zur Beute
Seiner Selbst und der Schatten
Des eigenen und der fremden
Am Horizont
Scheint Mottenlicht
Flügelkörper gegen Kunstglas
Doch Natur
Überdauert alles

NACHTWANDERUNG

Schattenwelt
Der Dunkelheit
Der Mond umflort
Lässt bunte Tollheit wachsen
Blaubraune Stämme schmiegen sich ins Schwarz
Mond zündet Lampen an im Flusse
Die spiegelnd sich zum Himmel drehn
Entzündet ist der Blick durch tausend Lichter
Vergessend schmählichgraue Schatten
Der Gesichter
Auf Tageswanderungen in der Stadt

NEUE GEDICHTE

Erwachende Lebensfreude
Unter Tränen
Allerseelennovembergrau
Weicht sonnenblätterfarbenem
Oktobernebelvorhang
Umarmt gelbleuchtenden
Dezemberschneenebel
Und hofft auf
Zartblauglänzenden Morgentau

EPILOG UND DANK

Schattensprünge - der Sprung von Schatten zu Schatten, über den eigenen und auch hin und wieder ins Licht. Ohne die Dunkelheit wüssten wir nicht um die Helligkeit; ohne eben diese nicht um das Dunkel. Das Leben ist beides - und leider, so muss ich gestehen, waren es die Schatten, welche mich stetig mehr inspirierten, als die durchfluteten Momente des Seins.

Um so erstaunlicher für mich, zu bemerken, dass sich genau das in den vergangenen Monaten zu verändern begann. So möge man bei der Lektüre meiner Gedanken bitte nicht annehmen, Schwermut sei mein allgegenwärtiger Begleiter. Man möge auf die Veränderungen achten, auf die kleinen Nuancen, die nicht allein vermögen, Worte lichter zu machen, sondern das ganze Leben.
Das Leben mit seinen Schatten. Das Überleben mit eben diesen. Und letztlich somit das Licht, finden sich in dieser Sammlung von Texten und Gedichten.

An dieser Stelle möchte ich jenen Menschen danken, die mich stetig ermutigt haben, meiner Schreibe nachzugehen, die ihr wohlwollend gegenüber standen und an sie - wie auch mich - glaubten.

Meinem Sohn, der tatsächlich stolz auf mich ist; meiner Mutter, die mich schon lange zu der Veröffentlichung meiner Texte drängte. Meinem Narrenkönig, der mir in unsicheren Momenten Zuversicht schenkte und Zweifel abzufangen wusste.

Ein Dank denen, die mir als Muse Hilfe leisteten - im Licht wie auch im Schatten, teils ohne dass sie es bis heute wissen.

Ein Dank Ihnen, meinen Lesern, die mich nach Lektüre meiner Zeilen vermutlich näher kennen als manche Menschen, die ich einst als Freunde betrachtete.

Ein besonderer Dank jenen, die mich hinsichtlich dieses Buches berieten: Meiner Lektorin Barbara Gleich, Kempten, die in schlaflosen Nächten letzte Fehler ausmerzte und mich stetig inspirierte. Meinem „Notfall-Manager" Dirk Weitershagen, Hochheim, der mir als ideenreicher Ratgeber zur Seite stand. Richard Ebert, Hamburg, der mit technischem Wissen und voller Kreativität selbstlos und umfassend Geburtshilfe leistete und vor allem natürlich Dr. Hans-Joachim Sehrbundt, Köln, der als verlegerischer Betreuer dieses Bandes ein Wagnis einging, an mich glaubte, und ohne den es dieses Buch nicht gäbe.

Barbara Schuhrk, im Januar 2006

ALS ICH EIN KLEINES MÄDCHEN WAR...
(frei nach Kästner...)

hatte ich eigentlich nur einen Wunsch: Schreiben.
Ich wollte nicht Feuerwehrfrau oder Tierärztin, sondern Schreiber werden.
Wenngleich mich damals niemand ernst nahm, konnte man später feststellen,
dass ich von diesem Gedanken nicht abrückte, obschon der Weg zu diesem
Ziel teils eher wie ein Hürdenlauf anmutete.
Kriminalgeschichten im Alter von acht Jahren waren ein Anfang, der sich
später in der Berichterstattung bei diversen regionalen wie überregionalen
Zeitungen fortsetzte. Neben - und auch manchmal statt - der Schule.
Während der Mittel- und Oberstufe entstand eine bislang unveröffentlichte
Krimi-Serie und es manifestierte sich der Drang, Journalist zu werden.
Idealismus-gebeutelt damals noch in der Annahme, Medien könnten die Welt
verbessern...

Praktika und freie Mitarbeit bei der Tagespresse, im Boulevard- und Yellow-
Press-Bereich endeten mit einem Volontariat bei einer Fernsehagentur, um in
der „Erfahrung Fernsehen" die Bestätigung zu finden, im Herzen doch nicht
mehr, aber auch nicht weniger als ein Schreiber zu sein.
Parallel zur Ausbildung entstanden diverse Gedichte, Kurzgeschichten und
anderes.
Nach dem Erlangen des Redakteurs-Status folgte die Selbständigkeit als frei-
beruflicher Journalist, um den letzten Idealismus der weltverbessernden Presse
dabei über Bord werfen zu dürfen.
Die Hoffnung jedoch, mit Worten - zumindest ein bisschen - bewegen zu können, ist geblieben. Und mit ihr die Tatsache, nach wie vor der Schreiberei treu
zu sein.

Hoffnung stirbt bekanntlich zuletzt. Und vielleicht findet sie in diesem Buch
nicht nur eine Bestätigung ihres Fortbestandes, sondern auch die Möglichkeit, erneut zu wachsen.

Die Hoffnung ist der Regenbogen über den herabstürzenden Bach des Lebens.
(Friedrich Nietzsche)
Und doch...
Das Leben ist zu kostbar, um es mit Anpassung zu verschwenden...
(Sten Nadolny - Selim oder die Gabe der Rede)

Inhaltsverzeichnis